布谷童书 编

星筠兔 绘

经典名著里的

趣味阅读课

古文观止里的秘密

山游水记

延边教育出版社
YANBIAN EDUCATION PUBLISHING HOUSE

编　　著：布谷童书

本册主编：孔 庆 楠

绘　　者：星 筠 兔

责任编辑：于 鸿 梅

图书在版编目（ＣＩＰ）数据

古文观止里的秘密. 山水游记 / 布谷童书编；星筠

兔绘. -- 延吉：延边教育出版社, 2024.5

（藏在经典名著里的趣味阅读课）

ISBN 978-7-5724-3639-0

Ⅰ.①古… Ⅱ.①布… ②星… Ⅲ.①阅读课—中小

学—教学参考资料 Ⅳ.①G634.333

中国国家版本馆CIP数据核字(2023)第237856号

古文观止里的秘密·山水游记

出版发行：延边教育出版社

地　　址：吉林省延吉市长白山东路98号（133000）

　　　　　北京市海淀区苏州街18号院长远天地4号楼A1座1003（100080）

电　　话：0433-2913940　010-82608550　　网　　址：https://www.ybep.com.cn/

传　　真：0433-2913971　010-82608856　　客　　服：QQ1697636346

印　　刷：雅迪云印（天津）科技有限公司　　开　　本：710毫米×1000毫米　1/16

印　　张：8　　　　　　　　　　　　　　　字　　数：107千字

版　　次：2024年5月第 1 版　　　　　　　印　　次：2024年5月第 1 次印刷

书　　号：ISBN 978-7-5724-3639-0　　　　定　　价：36.00元

如印装质量有问题，本社负责调换

序言

　　《古文观止》成书于清朝康熙年间，选录了上起先秦、下至明末的共222篇名篇佳作，自问世以来广为流传，受到文人雅士的一致好评。

　　《古文观止》不仅蕴含了中国历代名家的文采与智慧，更为我们提供了一个了解和欣赏古代文学作品的窗口。

　　现如今，《古文观止》的部分优美篇章已选入初、高中课本，成为必读篇目，中、高考文言文阅读部分也对其多有涉猎。

　　本套丛书精选出囊括初、高中必读22篇文章在内的35篇美文，按照表达主题及中心思想，分为"山水游记""论辩谋略""世间真情""人生百态"四册，以趣味泛读、原典精读、延伸阅读为主线及切入点，从真实历史、社会背景、风物文化等角度全方位解读《古文观止》，力争让小读者们在掌握原文的基础上增长见识、拓宽视野，形成大语文思维，提升文学修养。

　　以耳熟能详的《滕王阁序》为例。开篇第一站采用漫画形式，简洁直观地让小读者们初步认识主角王勃；第二站"趣味故事"，以幽默趣致的语言讲述王勃生平及《滕王阁序》的创作历程，让小读者们在轻松阅读的同时，加深对王勃其人与《滕王阁序》的印象；接下来第三站是"微言大义"版块，引导小读者们进行深入思考。通过三重铺垫，小读者们已对作者和文章有了一定了解，再阅读下一站"原汁原味学古文"时，自然而然会生出熟如老友的亲切感。

欣赏完原文后，小读者们即将来到云集了各类小知识的"国学大讲堂"。这个版块选用与作者或文章相关联的知识点，堪称"惊喜万花筒"，"干货"满满，知识点或宽泛或纵深，语言活泼有趣，让小读者们在快乐阅读中拓宽视野。最后一站是"互动小课堂"，它以练促学，通过多样化的题目，加深小读者们对文章的理解和记忆。

值得一提的是，本书还开设了主题不同的四个"云"系列栏目，与四本分册相互呼应。"山水游记"对应"云游览"，古今对照介绍地理风物，使小读者们具象化了解祖国的大好山河；"论辩谋略"对应"云思辨"，从正、反两方面解读文中事件或观点，让小读者们开启头脑风暴，思辨性地看待事物和问题；"世间真情"对应"云真情"，列举不同情境下流露的真情实感，让小读者们见识人类情感的复杂丰富；"人生百态"对应"云拍案"，通过发掘与主人公类似经历的世事与人物，让小读者们体会世间事、古今人的精彩。

除了提供尽可能广博的知识盛宴外，本套丛书旨在通过古人对自然、对人生、对历史、对世态的探索与思考，向小读者们展示精彩纷呈的大千世界。

　　小读者们可以徜徉于"落霞与孤鹜齐飞、秋水共长天一色"的美景中，思索"盖将自其变者而观之，则天地曾不能以一瞬"的哲理，吸取"后人哀之而不鉴之，亦使后人而复哀后人也"的教训。

目录
CONTENTS

桃花源记　　006

兰亭集序　　020

滕王阁序　　032

小石城山记　　046

醉翁亭记　　058

前赤壁赋　072

岳阳楼记　088

游褒禅山记　102

沧浪亭记　114

桃花源记

乐在田园的 陶渊明

本　名	陶渊明	字	元亮
别　称	陶潜、靖节先生、五柳先生		
所处时代	东晋末期至南北朝时期		
人生履历	二十几岁开始出仕——时不时辞官回家，再出仕——当彭泽令不久，彻底辞官归隐——田园生涯田园诗，饮酒种花乐逍遥——传世作品有诗 125 首、文 12 篇，被后人编成《陶渊明集》。		

想知道陶渊明过得多开心吗？
让他的访客说说吧——

郡将：我去探望陶翁的时候呀，时机特巧，正赶上陶翁新酿的酒熟啦！不巧的是，陶翁手边正好没有布巾过滤了，这可怎么办？只见陶翁扬扬得意地摘下头顶包头发的葛巾当了滤布，过滤完酒后，又若无其事地把葛巾系在头上。看得我又惊奇又羡慕——陶翁过得真是随性自在呀！

江州刺史王弘："白衣送酒"的故事和我有关！有一年重阳节呀，我派遣一位白衣使者带着酒去探访陶翁，发现陶翁正摘了一把菊花，坐在东边篱笆旁，闻着菊花观着景！看到有人抱着酒来探望，陶翁那个高兴呀，于

真羡慕陶渊明可以活得随性自在啊。

郡将

没错，就是我让人给陶渊明送的酒。

王弘

是二人便一起饮酒赏花，酒醉才归。

云游览

桃花源不是一个传说吗？真的能去吗？出不来怎么办？

桃花源：哎哎，我有那么可怕吗？我可是真实存在的山水景点，就在湖南常德的桃源县西南桃源山下桃源洞哟！据说，因为风景和《桃花源记》中的描述很相像，我才被人们叫作"桃花源"呢！来我这儿，可以逛逛渊明祠，钻钻秦人洞，赏赏桃源八景，能进能出风光美，开心赏景不迷路，快来探险，不，游玩吧！

桃花源
失信渔夫的神奇经历

假如，当然，仅仅是假如。假如有一天你迷路了，来到一座陌生的山前，山中有一个神秘的洞穴，你是选择立即离开，还是进去瞅瞅呢？东晋时期，有位不幸迷路的渔夫就遇到了这样两难的选择题，他，选择了后者……

桃林中的神秘山洞

东晋孝武帝太元年间（公元 376 年—396 年），武陵郡（据说为今湖南常德）有位渔夫，他经常在河中捕鱼，捕上鱼后卖了钱维持自己的生活。有一天，或许是他走了神，或许是他没有捕到鱼，或许是水流突然变了向，这位渔夫的渔船竟然漂流到了陌生河道中，连他自己都忘了到底划船走了多久。正茫茫然随波逐流呢，突然，一大片绚丽的粉色霞光映入渔夫的眼帘——溪水两岸竟然生长着数不清的桃树，桃树枝头绽放着数不清的桃花，桃树下方铺满数不清的落花花瓣。最为奇怪的是，溪水两岸除了桃树，一棵别的树都没有，岸边的草儿鲜灵灵的，花儿也格外娇滴滴。

桃林尽头有什么呢？渔夫的好奇心被眼前景色勾起，手上嗖嗖划桨加快了速度。

原来是溪水的源头啊！很快，渔夫划过桃林，发现溪水也到了尽头，一座山静静伫立在自己眼前。山不稀奇，稀奇的是，山上还有个小洞口，洞口深处隐隐约约，似乎有光亮透出来。

山洞中有什么呢？渔夫的好奇心强烈得难以抑制，顾不上想洞中有没有坏人，有没有野兽，就这么下了船，三步两步就钻进了洞。刚开始，洞口很狭窄，渔夫勉强能挤过去，挪了几十步，山洞竟然一下子变得宽敞，光线也陡然变得明亮了。渔夫揉揉眼睛适应了下强光，再向前去，他瞬间惊呆了。

山洞中的神秘居民

山洞中竟然有一个村庄——平坦宽广的土地上，立着一排排整齐的房屋。日光下，田地土壤肥沃、润如油膏，池沼水面澄澈、碧波荡漾，桑树繁茂，竹林秀美，田间小路交错相通，到处都可以听到鸡鸣狗叫的声音，田间有农夫劳作，屋前有老人闲坐，空地有孩童嬉戏，无论老少个个儿神情愉悦无忧无虑，所有人的穿戴和外面的人没啥两样。

哇！我来到了仙境吗？渔夫震惊不已，心中默默诧异。这时，村民们也看见了渔夫，他们惊讶地围拢过来，十分有礼貌地问渔夫自哪里来。渔夫没有隐瞒，一五一十地说了自己的来历。确定他不是心怀不轨的坏蛋，热情的村民便拉着渔夫到了自己家，杀鸡摆酒招待他。

很快，这个消息传遍全村，人们纷纷聚到这位村民家，和渔夫七嘴八舌地唠起闲嗑。原来，他们这些人的先祖，在秦朝末年时为躲避战乱来到这里，自此再也没出去过，连最后取代秦朝的汉朝都不知道，更别说三国两晋啦！

> **三国两晋：**即魏晋南北朝，是中国历史上政权更迭最频繁的时期，主要分为三国（曹魏、蜀汉、东吴）、西晋、东晋和南北朝时期。

渔夫绘声绘色地讲着朝代更迭那些事，村民们听得津津有味，他们有的感叹，有的惋惜。随后，村民们抢着请渔夫去自家做客，好酒好菜盛情款待。就这样过了几天，渔夫惦记自己的家，也实在是吃不动了，就向

村民辞别。村民们非常郑重地叮嘱他说："我们这地方，不要对外面的人说啊！"

"好好好，没问题！"渔夫答应得很爽快，于是便和村民们挥手告别。

白忙活的失望访客

等出了山洞，小风吹醒了酒，渔夫的大脑开始嗖嗖运转：如果……我将这个神秘地点禀告给当官的，那绝对大功一件，一定能得到好多好多的赏赐！这个念头一起，村民的热情和自己的承诺统统被他抛到脑后，他小心翼翼地在回程的路上做了好多记号。一回到武陵郡，他当即跑到太守那里禀告了这番奇遇。

还有这样的地方？太守一听乐了，"快去把这伙人找出来！"太守当即派人跟着渔夫去往神秘山洞。说来也怪，刚刚走过的路，做得好好的标记，竟然全都不见了！渔夫不甘心，驾着小船到处探路，最终却一无所获，再也找不到通往桃花林外溪水源头的道路啦！

这件事一传开，顿时引来无数好奇之人，可他们无一例外，谁也没能找到桃花源。于是，这个世外桃源，因为求而不得越来越神秘，最终只存在于人们的向往和传说中啦！

微言大义

《桃花源记》以渔人的意外经历为线索，从渔人视角描述出一个风景如画、民风质朴的人间乐土，表达了陶渊明对和平生活的向往。文中，渔人受到桃花源人的热情招待却言而无信，这或许正是人们再也找不到桃花源的原因之一吧！

原汁原味 学古文

hū féng táo huā lín jiā àn shù bǎi bù zhōng wú zá shù

忽逢桃花林，夹岸数百步，中无杂树，

fāng cǎo xiān měi luò yīng bīn fēn yú rén shèn yì zhī fù qián

芳草鲜美，落英缤纷①。渔人甚异之，复前

xíng yù qióng qí lín

行，欲穷其林。

lín jìn shuǐ yuán biàn dé yì shān shān yǒu xiǎo kǒu fǎng fú

林尽水源，便得一山。山有小口，仿佛

ruò yǒu guāng biàn shě chuán cóng kǒu rù chū jí xiá cái tōng

若有光。便舍船，从口入。初极狭，才通

rén fù xíng shù shí bù huò rán kāi lǎng tǔ dì píng kuàng wū

人。复行数十步，豁然开朗。土地平旷，屋

shè yǎn rán yǒu liáng tián měi chí sāng zhú zhī shǔ qiān mò

舍俨然②，有良田、美池、桑竹之属。阡陌

jiāo tōng jī quǎn xiāng wén qí zhōng wǎng lái zhòng zuò nán nǚ yī

交通，鸡犬相闻。其中往来种作，男女衣

zhuó xī rú wài rén huáng fà chuí tiáo bìng yí rán zì lè

着，悉如外人。黄发垂髫③，并怡然自乐。

—— 陶渊明《桃花源记》

① 落英缤纷：落英，落花。缤纷，繁多复杂的样子。

② 俨然：整齐分明的样子。

③ 黄发垂髫：黄发，指头发变白、变黄的老者。垂髫，指头发垂下，特指童年或儿童。

译文

（渔人）忽然遇见一片桃树林，树林分布在小溪两岸，绵延有数百步，其中没有一棵杂树（桃树之外的树），散发着清香的绿草新鲜漂亮，鲜艳的桃花纷纷飘落在草地上。邂逅这样美丽的景致使渔人十分惊奇，他又往前走，想要走到桃林尽头（看看还有什么）。

桃林尽头是溪水的发源地，那里伫立着一座小山。山上有一个小洞口，隐约透出些许光亮。渔人就下船从洞口进去。开始的一段非常狭窄，刚能通过一个人。又走了几十步，眼前忽然变得明亮开阔。只见土地平坦宽广，房屋整整齐齐，有肥沃的田野、静美的池塘和桑树、竹林之类的植物。田间小路纵横交错，鸡鸣狗吠的声音都能听得到。（生活在这里的）人们来来往往，耕田种地，男男女女的穿着打扮都和外面的人一样。老人和小孩都逍遥自在，自得其乐。

古代年龄有专称

《桃花源记》中称童子为"垂髫"，在古代，不同年龄有着特定的称谓，一起来看看吧。

襁褓——用小被子包着，代指不满周岁的婴儿。

牙牙——说话咿咿呀呀含糊不清，代指一岁的婴儿。

龆龀（tiáo chèn）——儿童换齿。《韩诗外传》："男八月生齿，八岁而龆齿，女七月生齿，七岁而龀齿。"龆龀即指七八岁的儿童。

黄口——本意指幼鸟嘴喙嫩又黄，代指不满十岁的孩童。

金钗之年——女子十二岁要戴钗，代指女孩十二岁。

豆蔻之年——女孩十三四岁，唐代诗人杜牧有"娉娉袅袅十三余，豆蔻梢头二月初"的诗句。

及笄（jī）之年——把头发用笄簪（zān）起，表示已成年，代指女孩十五岁。

碧玉年华——女孩十六岁。

舞勺之年——男孩开始学习乐舞中的勺舞，代指男孩十三至十五岁。

舞象之年——男孩开始学习武舞中的象舞及射御，代指男孩十五至二十岁。

桃李之年——女孩二十岁。

弱冠——戴上帽子行冠礼，表示已成年，代指男孩二十岁。

花信年华——即花开时节，代指女孩二十四岁。

而立之年——三十岁，该学有所用、事业小成了。

不惑之年——四十岁，遇到事儿能判明对错了。

知命之年——五十岁，能大概知晓命运是怎么回事了。

花甲之年——六十岁，天干地支纪年法中，以六十年为一花甲（甲子）。

古稀之年——七十岁，古代人活到七十有点儿难，所以说"古来稀"。

杖朝之年——八十岁，这个年龄还当官儿，可以拄拐杖去上朝。

耄耋（mào dié）之年——八九十岁。

期颐（yí）之寿——百岁及以上，也称乐期颐、人瑞，活到这岁数就是吉祥物啦！

牙牙　　　　黄口　　　　及笄之年　　　　弱冠　　　　杖朝之年

扒一扒秦末汉初的著名起义

《桃花源记》中提到，桃花源村民的祖先为躲避秦末战乱才避世隐居。确实，秦朝末年，由于秦二世无道，朝堂上宠信奸佞，朝堂外大行苛政，逼得百姓活不下去，无奈之下纷纷起兵造反。

最先反抗暴秦统治的是大泽乡的陈胜和吴广。他二位带着九百多名要去戍守边防的贫苦农民揭竿而起，迅速在全国形成燎原之势，很多被欺压的百姓积极加入起义军。虽然这次起义以失败告终，但它可是中国历史上的第一次农民起义，对加速秦朝灭亡起到了重要的推动作用。

陈胜、吴广的举动大大鼓舞了有志之士。这不，后来的汉高祖刘邦从沛县起兵（汉军），后来的西楚霸王项羽跟随叔父项梁从吴中起兵（楚军），成为灭亡秦朝的两股主力军。最终，汉高祖刘邦在楚汉争霸中取得胜利，建立了汉朝。

"记"是个什么记？

《桃花源记》的"记"，是古代使用非常广泛的散文体裁。顾名思义，记，有识记、记下、记叙等含义，古人会用各种《记》来抒发情怀、描绘景色、叙述事件或记叙人物。

常见的《记》有碑记、游记、杂记等。碑记通常刻在石碑上，记叙人物生平，如《五人墓碑记》；游记大都是作者游山玩水的所见所闻，如《游褒禅山记》；杂记多是记载逸闻趣事和琐事感想，如《西京杂记》。

阅读下面两则短文，回答问题。

【甲】林尽水源，便得一山。山有小口，仿佛若有光。便舍船，从口入。初极狭，才通人。复行数十步，豁然开朗。土地平旷，屋舍俨然，有良田、美池、桑竹之属。阡陌交通，鸡犬相闻。其中往来种作，男女衣着，悉如外人。黄发垂髫，并怡然自乐。

见渔人，乃大惊，问所从来，具答之。便要还家，设酒杀鸡作食。村中闻有此人，咸来问讯。自云先世避秦时乱，率妻子邑人来此绝境，不复出焉，遂与外人间隔。问今是何世，乃不知有汉，无论魏晋。此人一一为具言所闻，皆叹惋。余人各复延至其家，皆出酒食。停数日，辞去。此中人语云："不足为外人道也。"

（节选自陶渊明《桃花源记》）

【乙】孔子过泰山侧，有妇人哭于墓者而哀，夫子式而听之，使子路问之，曰："子之哭也，壹似重有忧者。"而曰："然！昔者吾舅死于虎，吾夫又死焉，今吾子又死焉。"夫子问："何为不去也？"曰："无苛政。"夫子曰："小子识之，苛政猛于虎也。"

（节选自《礼记·檀弓下》）

1. 解释下面加点的词语。

（1）阡陌交通：_____ （2）便要还家：_____

（3）子之哭也：_____ （4）苛政猛于虎也：_____

2. 翻译下面的句子。

（1）乃不知有汉，无论魏晋。_____

（2）昔者吾舅死于虎。_____

3.从表达方式看,甲乙两文都运用了_____(填2字);从艺术表现手法看,甲文主要运用了_____(填2字)的手法寄托作者的理想,乙文主要运用了_____(填2字)的手法突出主题。

4.桃花源人、泰山妇人为什么都不愿意离开他们各自生活的地方?

_____

_____

参考答案

1.(1)交错相通;(2)通"邀",邀请;(3)你;(4)指繁重、凶暴的赋税和徭役。

2.(1)(他们)竟然不知道有过汉朝,更不必说魏朝和晋朝了。

(2)以前我的公公被老虎咬死了。

3.记叙(描写);虚构(想象);反衬(对比)。

4.示例:桃花源与世隔绝,远离战乱,没有繁重的赋税和无尽的徭役,而且环境优美,民风淳朴,人们安居乐业,祥和幸福。

虽然一家祖孙三代死于虎口,但是泰山妇人深知世间苛政带来的灾难远比山中的虎患更为惨烈,更令人不堪忍受。

兰亭集序

潇洒不羁 王羲之

本　　名	王羲之	字	逸少
别　　称	王右军、王会稽		
所处时代	东晋		
人生履历	出生恰逢"八王之乱"——五岁南迁到建康（今南京）——七岁父亲失踪——入仕当了秘书郎——就任临川太守，是个为百姓办实事的好官——官拜右军将军——写《兰亭集序》记下兰亭盛事——辞官归隐。		

二王都是谁？

我是爹，称霸书法界上千年！

我是儿子，青出于蓝而没胜于蓝……

王羲之　　　　　　　　王献之

两晋四大家族有哪些？

琅琊王氏在这里！
琅琊：今山东临沂。
重大事件：辅佐司马
睿当皇帝，王与马，
共天下。

王羲之

颍川庾氏在这里！
颍川：今河南禹州
一带。
重大事件：平定王
敦之乱。

庾亮

龙亢桓氏在这里！
龙亢：今属安徽怀远。
重大事件：三次北伐
掌朝政。

桓温

陈郡谢氏在这里！
陈郡：在今河南周口
一带。
重大事件：指挥淝水
之战获胜。

谢安

云游览

　　想来瞅瞅我？浙江绍兴兰渚山欢迎您！不过，现在的我早已不是王羲之游过那个兰亭啦！我这儿有右军祠、御碑亭、兰亭碑，都是明清园林的建筑风格。温暖春日来找我，转转"鹅池"和"曲水流觞（shāng）"，试试能不能找到兰亭集会的一丝丝感觉吧！

王羲之
爱书法，也爱生活

从前有个朝代叫东晋，东晋有座大都市叫会（kuài）稽（今浙江绍兴），会稽住着一位字儿写得倍儿棒、日子过得倍儿滋润的王羲之。论官职，王羲之不算出众，规规矩矩当过秘书郎、太守、右军将军和会稽内史。但要论书法，王羲之可是独一份儿。他的字博采众家之长又自成一家，被誉为"书圣"，深受人们追捧。

扇子促销，我有妙招

要说这位王羲之，为人称道不只因为他是书法界的"学霸"，还有他那正直善良、热忱坦率的性格。他在会稽时，住在一座叫蕺（jí）山的山脚下。这一天，王羲之在山上闲逛，碰到一位卖六角竹扇的老婆婆。王羲之见老婆婆年纪大了，竹扇成堆，迟迟卖不出去，就掏出毛笔蘸上墨汁，在每把扇子的扇面上题写了五个大字。这五个字写的是啥，每把扇子的五个字是否都一样，咱没听说更没见着，但人家《晋书》可记得明明白白，这老婆婆"有愠（yùn）色"。"愠"嘛，就是生气的意思。也难怪人家生气，好好的竹扇，干干净净的扇面，给人划拉了好几道，有横有竖有撇有捺的，黑乎乎脏兮兮，搁谁谁能乐意？

《晋书》：中国的"二十四史"之一，唐代房玄龄等人合著，记载了历史上起于东汉末年司马懿早年，下至东晋恭帝元熙二年（公元420年）刘裕废晋帝自立，以宋代晋。同时还以"载记"形式，记述了十六国政权的状况。

看到老婆婆不高兴了，王羲之却笑了，他对老婆婆说："您拿这扇子，就说上面的字是王右军写的，卖一百钱一把，妥妥没问题！"

老婆婆半信半疑，见了顾客后，犹犹豫豫把王羲之教的话说了。嗬，这堆竹扇顿时成了香饽饽，不一会儿就被慕名而来的人一抢而空。

写篇字，换大鹅

别看王羲之的字儿有名又值钱，但他一点儿也不吝啬，遇到自己喜爱的物件儿，就毫不犹豫用字儿去换，从来不计较价值对不对等。

很多人喜欢宠物，爱猫爱狗不稀罕，爱鹰爱马也常见，然而，王羲之的喜好有点儿与众不同，他爱鹅。他爱鹅，可不是爱吃鹅，而是喜爱鹅本身。

会稽有位老太太养了一只鹅，那叫声，别提有多好听了。王羲之兴致勃勃带着亲朋好友去看鹅，结果老太太听说王羲之要来，就热情地把这只鹅炖了款待他，惹得王羲之伤心惋惜了好几天。

不久，王羲之又发现山阴有位道士养了群漂亮威风的大鹅，去了好几趟要买，但人家道士就是不卖。如此空跑几趟后，道士提出了要求："你给我抄写《道德经》，这群鹅我就不要钱啦，白送！"

王羲之一听乐了，那成！于是，他认认真真誊抄了一份《道德经》送给道士，开开心心地把大鹅们装进笼子带回了家。

"之"又"之"，各不同

会稽是个好地方，山清水秀名士多。除了王羲之之外，后来做了宰相的谢安、玄言诗代表人物许询、高僧支遁等人也在会稽居住。文人雅士聚堆儿，你仰慕我，我钦佩你，自然要时不时聚一聚。

永和九年（公元353年）的三月初三，四十多位官员及士子来到会稽山阴的兰亭，举行禊（xì）礼。说到禊礼，这可是古代一件大事儿。魏晋时，人们认为在三月初三这一天，去流水边洗一洗，就能洗去旧的尘埃，干干净净地迎接新的好运气。

这么大一盛事，文化人们当然要写写文章作作诗，才不辜负这大好春光。这不，大伙儿公推王羲之负责把所有诗文归集成册，即《兰亭集》。

王羲之兴致高昂，大笔一挥，一气呵成序文，来记载这次聚会。或许是当时喝了点小酒微醺薄醉，或许是春光太美、友情太浓，王羲之这篇《兰亭集序》写出了他有生以来行书的巅峰，被誉为"天下第一行书"。正文共324字，其中20个"之"字，或轻盈，或凝重，或悠然，或峻拔，每个都独具形态，各不相同。

学古文

夫^①人之相与^②，俯仰一世，或取诸怀抱，晤言^③一室之内；或因寄所托，放浪形骸^④之外。虽取舍万殊，静躁不同，当其欣于所遇，暂得于已，快然自足，曾不知老之将至。及其所之既倦，情随事迁，感慨系之矣！向之所欣，俯仰之间，已为陈迹，犹不能不以之兴怀，况修短随化^⑤，终期于尽！

古人云："死生亦大矣^⑥。"岂不痛哉！

——王羲之《兰亭集序》

❶ 夫：语气助词，多位于句首，表示要发表评议。

❷ 相与：结交，交好。

❸ 晤言：面对面地谈话。

❹ 放浪形骸：放浪，放荡不羁。形骸，指身体。

❺ 修短随化：修短，人的生命长短。化，造化、自然。随化，由天地造化决定。

❻ 死生亦大矣：庄子在《庄子·德充符》中引用的孔子的话，原文为："仲尼曰：'死生亦大矣，而不得与之变。'"

译文

人与人之间的相处，也就低头抬头的功夫就过完了一生。有的人倾吐内心感悟，与朋友共处一室促膝谈心；有的人寄托志趣于外物，纵情狂放地外出游览。虽然（他们）或内或外的取舍千差万别，或沉静或躁动的表现各不相同，但当他们遇到欣悦事情，自己暂时有所收获，感到喜出望外之时，竟然（都会）忘记衰老即将到来。等到对已获取的事物感到厌倦，情怀就会随着事物变迁而变化，无限的感慨便会随风而去了。以前所得到的欢欣，顷刻间就成为历史陈迹，对此尚且不能不深有感触。更何况人的寿命长短取决于造化天定，最终要归于穷尽呢！古人说："死生是一件大事。"岂能不让人悲痛呢！

八王之乱

王羲之出生时恰逢"八王之乱"，这场乱事可不简单，它使西晋王朝岌（jí）岌可危并造成了"五胡乱华"的局面。追究起八王之乱的根源，要从西晋开国君主晋武帝司马炎说起。

曹魏咸熙二年（公元265年），司马炎逼宫，迫使魏元帝曹奂让位于他，定国号为晋。登基后，司马炎立儿子司马衷为皇太子，又实行分封制，将爷爷司马懿之下的所有宗室子弟都封了王，还让他们各自去了所属封地。

司马衷（晋惠帝）即位后，由于他智力低下理政无能，朝政大权便落入皇后贾南风手中。皇帝势弱，分封各处的实权派司马家族的郡王们开始蠢蠢欲动。永康元年（公元300年），皇后贾南风杀害太子司马遹（yù）。此后，赵王司马伦借机发难，打着为太子报仇的旗号攻入皇宫，除贾后、废惠帝，自己登上帝位。

大家都是王，正儿八经皇室后裔，凭啥你就能当皇帝？于是，以汝南王司马亮、楚王司马玮、齐王司马冏（jiǒng）、河间王司马颙（yóng）、成都王司马颖、长沙王司马乂（yì）、东海王司马越为首的王族势力纷纷起兵，展开了皇权争夺战。公元307年，惠帝去世，司马越立惠帝之弟司马炽（chì）为傀儡（kuǐ lěi）皇帝，司马越独掌大权。至此，八王之乱方才结束。

唐太宗与《兰亭集序》

唐太宗李世民特别喜爱书法，他得到王羲之《兰亭集序》真迹后，天天放在座旁，一有时间就拿起来玩赏，简直爱不释手。据说，他临终时，吩咐太子将《兰亭集序》随他一起下葬，让他到另一个世界后也能随时欣赏……

可事情到这里还没有结束。到了五代时期，有个名叫温韬的盗墓狂人几乎疯狂地把唐代的皇陵都挖了个遍，破坏了很多文物，唐太宗的昭陵也没有被放过。

盗墓之后，温韬还列了一份"文物清单"，然后竟在光天化日之下公然出售。可惜的是，名单里没有《兰亭集序》。后人猜测温韬是个大老粗，不认识《兰亭集序》，极有可能不经意间就把《兰亭集序》当废纸给撕了。但这仅仅是猜测，《兰亭集序》真迹藏在哪里至今仍然是一个谜。

所以，我们今天看到的《兰亭集序》只是摹本！

入木三分

说起王羲之的字儿，可谓是漂亮又劲道。有一次，皇帝让他在木板上写祭祀用的祝词，他挥笔写完，将木板交给刻字匠工去雕刻。匠工一干活儿，惊呆了——木板削去一层又一层，墨迹渗印直至三分！看见的、听说的、但凡知道这件事的人，无不惊叹王羲之笔力的雄劲。

后来，人们常用"入木三分"来比喻书法笔力道（qiú）劲，或见解、议论十分深刻。

东床快婿

东晋大臣郗（xī）鉴想要为女儿挑选配偶，便派人去丞相王导的家中相看青年子弟。王家的年轻人一听，好事儿啊！齐刷刷打扮得干净帅气去见郗府来客，唯独王羲之没去。缺一个人也说不过去啊，王家的管家带郗府管家去找他，没承想王羲之此时正高卧在东床上，袒露胸腹，逍遥吟诗，别提多自在了！

郗鉴听说此事后，高兴地说："我要选的正是这样的人啊！"于是，郗鉴亲自来到王导府中相看王羲之，对他豁达的性格、文雅的谈吐赞叹不已，当即决定择他为婿。

后来，人们常用"东床快婿"来比喻称心如意的女婿。

互动小课堂

什么是"序"？

序即序言，也叫前言，是一种用来推荐、评价正文内容的文体，列在正文之前叫"序"，附在正文末尾叫"跋（bá）"。自己做的序言叫"自序"，请他人做的序言叫"他序"。

假如你站在兰亭上

如果你站在兰亭上，亭畔有水，让你写一段所见所感，你会怎样写呢？

学一学：善用形容词与比喻

王羲之用了两个形容词来形容水，"清"——水质清澈见底，"激"——水形奔流激越，再分别以"流"和"湍"来代指水，清流对激湍，静对动，二者互补描述中，一条有色有声的溪流顿时跃然纸上。

溪流和亭子的方位如何呢？王羲之以"映带左右"四字，将溪流比喻成弯弯曲曲的带子，形象描述出溪流掩映周边景物又环绕而下的情状。

练一练

如果你是王羲之，你会怎样描述站在兰亭上看到的山、水、林木和溪流呢？发挥想象，描述一段你心中的兰亭景色吧！（小提示：可以将原文翻译成你自己的话，再加一点想象哟！）

滕王阁序

短命神童 王勃

本　　名	王勃	字	子安
所处时代	唐朝初期		
人生履历	六岁写文章——九岁作《汉书指瑕》——十六岁当朝散郎——写《檄英王鸡》被赶出王府——游玩巴蜀，创作了大量作品——去当虢（guó）州参军，犯错被贬——看望父亲途中写了《滕王阁序》——看望父亲回程途中遭遇海难。		

初唐四杰签到簿

初唐四杰是指初唐文学家王勃、杨炯、卢照邻和骆宾王。《旧唐书》中说道："炯与王勃、卢照邻、骆宾王以文词齐名，海内称为'王杨卢骆'，亦号为'四杰'。"他们的诗文题材较广泛，风格也颇清峻，对初唐文学风气的转变起了很大的作用。

王勃："海内存知己，天涯若比邻"，认识不认识都是好朋友！

杨炯："宁为百夫长，胜作一书生"，我是擅长写边塞征战诗的小神童！

卢照邻："相思在万里，明月正孤悬"，卢升之就是我！

骆宾王："无人信高洁，谁为表予心"，我写的《为徐敬业讨武曌（zhào）檄（xí）》连武则天本人都赞赏呢！

认识不认识都是好朋友！

王勃

我是擅长写边塞征战诗的小神童！

杨炯

卢升之就是我！

卢照邻

我写的文章连武则天都赞赏呢！

骆宾王

云游览

　　嗨，我是滕王阁！你问我如今还在吗？在呢在呢，我就在江西南昌东湖区这儿好好立着呢！我呀，是唐太宗李世民的弟弟李元婴建的。为啥叫滕王阁呢？因为人家李元婴被封为"滕王"嘛！他先是在封地山东滕州建了座滕王阁，调任南方后又建了我，也就是后来王勃去的滕王阁啦！

王勃
惊才绝艳的短命神童

唐朝初期，绛州龙门（今山西河津）有一个姓王的儒学世家，出了三位文采斐然的少年——分别是大哥王勔（miǎn）、二哥王勮（jù）和小弟王勃，这三兄弟被誉为"王氏三株树"。哥仨中，最有才华的要数王勃。据传，他六岁就能写一手好文章，九岁就专门写了本《汉书指瑕》，指出《汉书》中错误的地方。但是，这位惊才绝艳的神童，命运却非常坎坷，还早早失去了性命。

文章好，当官了

王勃出生于绛州龙门的一个神童世家。王氏家族中牛人如云。王勃的爷爷王通、爷爷的弟弟王绩、爷爷的哥哥王度，包括自己的二哥王勮（jù）都是天才少年。而王勃更是彻底将家族的神童基因发挥到了极致：他六岁开始写文章，"构思无滞，词情英迈"；九岁时读《汉书》，居然挑出了一箩筐的错误，撰了十卷长文名为《汉书指瑕》；十四岁直接上书当朝宰相，直抒政见，针砭时弊，宰相读罢击节赞叹，大呼神童，当即就向朝廷写了封推荐信；十六岁已成为朝廷最年少的命官，又呈《乾元殿颂》……出名趁早，年少得志。十几岁的他已经站在了绝大部分人一辈子也到不了的高度，前途犹如探照灯，光芒耀目。

山西地界出了个神童？唐高宗知道这件事后很感兴趣，便召见了王勃。腹有诗书心不慌，面对唐高宗的提问，王勃对答如流，不卑不亢，得

到高宗夸赞。名气大了，机会也来了。乾封元年（公元666年），唐高宗开幽素科科举，十六岁的王勃轻松及第，被授予"朝散郎"的官职，成为朝廷最年轻的官

员。他写的《乾元殿颂》文辞华美壮丽，被唐高宗誉为"奇才"。

皇帝的儿子沛王李贤听说了王勃的才名，便召请他去沛王府做王府修撰，并十分器重他。可王勃没想到，他因文章成名入仕，却又因文章惹祸丢官。

文章好，丢官了

王勃一再被皇帝父子二人赏识和抬举，渐渐地开始瞧不起这个，看不上那个，骄傲得不要不要的。俗话说，"器满将覆"，意思是容器满溢就容易倾倒，人太过骄傲也容易失败。这不，没过多久，王勃就翻车了。

事情的起因很小，只因一场玩乐。这天，沛王和英王兄弟俩准备来一

场斗鸡比赛。为了增加比赛趣味，给沛王助兴，王勃唰唰写下一篇《檄英王鸡》。这篇文章写得气势如虹，什么"昂首而来，绝胜鹤立；鼓翅以往，亦类鹏抟（tuán）"——我家沛王的大公鸡啊，昂首挺胸走来，比仙鹤挺立的姿态还飒爽；看它挥舞翅膀的英姿，像大鹏鸟展翅那般铺天盖日……直接把沛王的斗鸡吹上了天。这篇文章一出，和以往文章一样，立即在官员中流传开来。一传十，十传百，就传到了唐高宗手中。

唐高宗一读，勃然大怒：这可是檄文啊！檄文是严肃的官府公告，居然用来声讨斗鸡？再说了，俩皇子斗鸡，这王勃身

> **檄文：** 指古代用于晓谕、征召、声讨等的文书，特指声讨敌人或叛逆的文书。

为皇子侍读，不说劝着点，还火上浇油、推波助澜？这人不能留！于是，唐高宗命令把王勃轰出王府。就这样，王勃如日中天的仕途"咔嚓"一下被他自己掰折了。

《滕王阁序》千古赞

江山易改，本性难移。贬官后的王勃依然牛气冲天。这不，上元二年（公元675年），王勃去交趾（位于今越南北部）探望父亲，途中路过南昌，

参加都督阎伯屿为修成滕王阁举办的宴会。

人家阎都督举办宴会的目的，一是为了庆贺滕王阁落成，二是借这个机会向大伙儿秀一秀女婿孟学士。席间，阎都督让人拿出纸笔，让大家为这次盛会作序文。与会人士心知肚明，阎都督这番话不过是走个过场，孟学士早就把序文写好，大家只要等着孟学士出场，再无脑吹捧一番，这场盛会就算圆满结束啦！

结果呢，半路杀出个程咬金，王勃见大家都推辞不写，非常干脆地站起来，铺开纸提起笔，当场挥毫，顷刻写成。

哎哟，怎么有这么不识趣的人呢！阎都督一口气憋心里说不出道不出，气得拂袖而去。可生气归生气，过了一个时辰之后，阎都督还好奇这狂妄不识趣的青年人到底能写出来什么。结果，看到这篇文章后，他直呼道："此真天才，当垂不朽。"

写完后，王勃潇洒离去，踏上探父之旅。可谁也没料到，就在王勃探望父亲归来时，却不幸遭遇海难溺水而亡。

微言大义

王勃的故事告诉我们，有才华固然是值得自豪的事情，但却不能恃才傲物、忘乎所以，应诚诚恳恳做人，踏踏实实做事，这样才能更好地发挥所长，实现学有所用、才有所成。

céng luán sǒng cuì　　shàng chū chóng xiāo　　fēi gé liú dān　　xià lín
层峦耸翠，上出重霄，飞阁流丹，下临

wú dì　　hè tīng fú zhǔ ①　　qióng dǎo yǔ zhī yíng huí　　guì diàn lán
无地。鹤汀凫渚①，穷岛屿之萦回，桂殿兰

gōng　　liè gāng luán zhī tǐ shì　　pī xiù tà ②　　fǔ diāo méng ③　　shān
宫，列冈峦之体势。披绣闼②，俯雕甍③，山

yuán kuàng qí yíng shì　　chuān zé xū qí hài zhǔ ④　　lú yán ⑤ pū dì
原旷其盈视，川泽盱其骇瞩④。闾阎⑤扑地，

zhōng míng dǐng shí ⑥ zhī jiā　　gě jiàn mí jīn　　qīng què huáng lóng zhī
钟鸣鼎食⑥之家，舸舰弥津，青雀黄龙之

zhú　　hóng xiāo yǔ jì ⑦　　cǎi chè yún qú ⑧　　luò xiá yǔ gū wù qí
舳。虹销雨霁⑦，彩彻云衢⑧。落霞与孤鹜齐

fēi　　qiū shuǐ gòng cháng tiān yī sè　　yú zhōu chàng wǎn　　xiǎng qióng péng lǐ
飞，秋水共长天一色。渔舟唱晚，响穷彭蠡

zhī bīn ⑨　　yàn zhèn jīng hán　　shēng duàn héng yáng zhī pǔ
之滨⑨；雁阵惊寒，声断衡阳之浦。

——王勃《滕王阁序》

① 鹤汀凫渚：汀，水中或水边的平地。凫，野鸭。渚，小洲。

② 闼：宫中小门，也指阁楼的门户。

③ 甍：屋脊。

④ 川泽盱其骇瞩：盱，张大眼睛看。骇瞩，吃惊的样子。

⑤ 闾阎：里巷里的门。

⑥ 钟鸣鼎食：古时贵族用餐时会奏乐列鼎，后代指富贵人家。

⑦ 霁：雨或雪停止。

⑧ 云衢：高空。

⑨ 响穷彭蠡之滨：响，回声。穷，穷尽，引申为"直到"。彭蠡，今天的鄱阳湖。

译文

　　山峦高耸，层层叠叠一片青翠，向上直入云霄；凌在空中的楼阁，红色的阁道就像飞翔在天空，向下看不到地面。仙鹤野鸭栖息眠宿的河滩沙洲，在岛屿周围极尽迂回曲折；桂树木兰建成的宫殿，依傍山冈高低起伏的形状排列。打开华丽的阁门，俯视雕花的屋脊，山岭平原绵延，极目空旷尽收眼底，河流沼泽奔流，让人目不暇接、惊异不已。门户房舍鳞次栉比，都是钟鸣鼎食的富贵人家；舟楫船艇星罗棋布，都是青雀黄龙的画船。彩虹消失、雨过天晴，阳光明亮、碧空辽阔。天边的晚霞和水畔的孤鸭一起飞翔，秋天的江水与辽阔的天空连成一色。傍晚渔船归来的歌声响遍彭蠡湖边；寒夜大雁群的惊叫传到衡阳水滨。

唐诗：中华文化的璀璨明珠

唐朝，是中国历史上诗歌创作的黄金时期。以初唐四杰为代表的初唐诗人们摆脱南北朝宫体诗的窄小制式，展现出雄浑博大的气象。唐朝诗坛名人辈出，涌现出"诗仙"李白、"诗圣"杜甫、"诗魔"白居易、"诗鬼"李贺等名家。他们或歌颂祖国山河，或映射历史真况，或吟咏边塞豪情，或歌唱田园风光……仅《全唐诗》辑录的诗歌就有将近五万首。

王勃文章写得好，诗歌也出色，他的"海内存知己，天涯若比邻"传唱千古，成为送别名句。

送杜少府之任蜀州

唐·王勃

城阙辅三秦，风烟望五津。

与君离别意，同是宦游人。

海内存知己，天涯若比邻。

无为在歧路，儿女共沾巾。

打腹稿

王勃声名鹊起时，很多人请他做文章，润笔费（即出售字画作品所得的报酬）一个赛一个丰厚。这王勃写文和别人不一样，从不冥思苦想，尤其是写碑刻颂文时，他总是先磨好足量墨，抓起被子盖住脸，大大咧咧地往床上一躺。躺着躺着，便忽然翻身坐起，提笔作文，一气呵成。时人把他这独有的睡中构思习惯称为"打腹稿"。后来，人们经常用"打腹稿"来形容演讲者或写作者心中自有思路的状态。

朝散郎是个什么官儿？

王勃做的朝散郎，是从七品上的文散官。这个官职起源于隋朝，隋文帝曾经设置文散官八郎，分别是朝议郎、通议郎、朝请郎、朝散郎、给事郎、承奉郎、儒林郎和文林郎，隋炀帝时废止八郎。唐朝建立时，又重新设立"朝散郎"官职。

唐高宗李治

在辉煌灿烂的盛世大唐中，作为唐朝的第三位皇帝，高宗李治不像他的父亲太宗李世民那样英武，也不如他的妻子、后来的女皇帝武则天那样炫目，但他仁善敦厚，政绩也颇有亮眼之处。

唐高宗在位期间，召集长孙无忌等大臣集合前代法律法规所长，编纂出《唐律疏议》。这部法典是中国现存最古老的封建法典，为后世法系的形成奠定了基础。法律完善了，百姓的行为自然也规范起来。史书记载，有一年负责刑狱的大理寺一度十分"冷清"，在押犯人只有五十余人，死刑犯仅两人。

交趾在哪里？

王勃去探望在交趾为官的父亲，这里的"交趾"，位于现在的越南北部。王勃的父亲为什么去如此偏远的地方做官呢？这还要从王勃说起。

王勃离开京城后，受朋友相邀，去虢（guó）州（今河南灵宝）就任参军一职。在任期间，王勃先是藏匿犯罪的官奴曹达，后又担心包庇罪奴的行为被人举告，竟然错上加错，杀死了曹达！这样一来，原本的包庇罪秒变杀人罪，王勃按律当判死刑，侥幸因大赦免死，但他的父亲王福畤（chóu）却没这么幸运了。子不教父之过，儿子犯罪老子受累，朝廷将王福畤从雍州（今陕西中北部、甘肃西北、青海东南及宁夏一部分地区）司功参军贬为交趾县令。见父亲远谪，王勃十分自责，在《上百里昌言疏》中，以"辱亲可谓深矣！诚宜灰身粉骨，以谢君父"的词句，表达了内心的痛切和无奈。

阅读下面这首唐诗，完成下面小题。

白下驿饯唐少府

王勃

下驿穷交日，昌亭旅食年。

相知何用早？怀抱即依然。

浦楼低晚照，乡路隔风烟。

去去如何道？长安在日边。

1．下列对这首诗的理解和赏析，不正确的一项是（　　　　）。

A．这首诗系饯行之作，送别的对象为唐少府，是诗人早年的知心好友。

B．诗人与唐少府都曾有过潦倒不得志的经历，这也是他们友谊的基础。

C．颈联中的"低""隔"，使得饯别场景的描写有了高低远近的层次感。

D．颔联和尾联中的问句，使语气起伏，也增添了诗作的豪迈昂扬气概。

2．本诗与《送杜少府之任蜀州》都是王勃的送别之作，但诗人排遣离愁的方法有所不同。请结合内容简要分析。

_____

_____

参考答案

1.A

解析：颔联"相知何用早"的意思是：如果两个人心意相通，何必在乎相识早晚呢？由此可见，A项"是诗人早年的知心好友"的结论没有根据。

2.（1）《送杜少府之任蜀州》诗中，王勃直抒胸臆，以"海内存知己，天涯若比邻。无为在歧路，儿女共沾巾"来宽慰朋友，排遣离愁，乐观豁达，一洗送别诗中悲苦缠绵之态；

（2）《白下驿饯唐少府》诗中，王勃以"去去如何道？长安在日边"的诗句，反用"日近长安远"的典故，激励朋友去长安施展才华抱负、建功立业，借以驱遣离愁。

小石城山记

游记之祖 柳宗元

本　　名	柳宗元	**字**	子厚
别　　称	柳河东、河东先生、柳柳州、柳八		
所处时代	唐朝		
人生履历	二十一岁进士及第——当官当得挺顺，加入王叔文革新派——永贞革新失败，被贬成八司马之一的永州司马——皇帝想要重新起用他，接到诏书后，柳宗元辛辛苦苦赶到京城长安，又被政敌排挤，贬为柳州刺史——在柳州等来大赦，在接到唐宪宗召他回京的好消息不久，病死柳州。		

唐宋八大家都有谁？

　　唐宋八大家，又称为"唐宋散文八大家"，是唐代和宋代八位散文家的合称，分别为唐代韩愈、柳宗元和宋代欧阳修、苏洵、苏轼、苏辙、王安石、曾巩八位。其中韩愈、柳宗元是唐代古文运动的领袖，欧阳修、苏轼、苏辙、苏洵四人是宋代古文运动的核心人物，王安石、曾巩是临川文学的代表人物。他们先后掀起的古文革新浪潮，使诗文发展的陈旧面貌焕然一新。

云游览

嗨，我是小石城山，我在湖南永州等你！永州有条河叫愚溪，愚溪附近有座东风桥，过桥向北顺山路向上走，就能看到我啦！要是转悠迷糊了找不到我，也可以打听"芝山"，明朝时有人在我腰部修了座"芝山庵"，所以我也叫"芝山"！

柳宗元
当官不擅长，写文多又精

提起柳宗元，认识他的人估计一半会跷起大拇指：有才，忒有才！还有一半则摇头叹气：耿直，忒耿直！大家的评价都挺中肯。喏，柳宗元二十一岁就中了进士，后来几年又一路升官，可谓春风得意。有的人当官光顾着升官发财，有的人当官却惦记政清民安，柳宗元正是后者……

司马，司马，八司马

随着官越做越大，朝廷的腐败黑幕也在柳宗元面前悄悄显露出来。官场有歪风还了得？这是病，得治！于是，正气满满的柳宗元一头扎进以王叔文为代表的革新派，想要改变宦官专权、藩镇坐大的现状。

可是，自古以来，变法革新都是一件成败难料的冒险事。没办法，改革嘛，总要砍掉一部分人的利益。兔子急了还咬人，何况眼瞅着要吃大亏的人？必须抗争到底，不搞死对方不罢休！就这样，革新派与守旧派展开了激烈的大 PK——革新派完败。

斩草要除根，誓不留遗患。守旧派胜利后立即开始大换血，他们将支持革新派的皇帝赶下台，赐死革新派领头人物王叔文，把革新派的八个骨干人物统统贬往偏远地区当"司马"。

"司马"这官职听着好听，其实是京官贬谪专用特职。在被贬的地方，司马没啥政务，只发俸禄不给实权，还要被周围官员边缘化，可谓相当憋屈。柳宗元也在这"八司马"之列，带着"永州司马"的职衔离开京都，去往永州赴任。

游水，登山，美文八篇

唐朝时，永州还是个偏僻荒凉的小地方。满怀抱负的柳宗元一心要改革换新风，结果把自己改成了"司马"。司马又不是真马，赶不走逃不开，还自带"生人勿近"的隐形标签，柳宗元只能接受现实，默默顶着这一职衔低调过日子。

日子虽然比以前当京官时艰难了许多，但柳宗元并未自暴自弃，反而在山水间自得其乐，以独特视角和豁达心境，用文字描绘出小山、小丘、小潭、小涧等寻常风物中不寻常的魅力，汇集而成八篇美文，即《永州八记》。《永州八记》前后关联，篇篇呼应，写景淋漓尽致，抒情发人

> **《永州八记》**：八记按游览次序，分别为《始得西山宴游记》、《钴鉧（mǔ）潭记》、《钴鉧潭西小丘记》、《至小丘西小石潭记》（也称《小石潭记》）、《袁家渴记》、《石渠记》、《石涧记》、《小石城山记》。

深省，展现出永州山水的独特风姿与柳宗元初心不改的铮铮风骨。

用咱现代话来说，柳宗元这八篇游记好比是八篇旅游攻略，有大文学家的流量加持，一下子带火了永州，文人士子向往文中细腻幽深的景致，纷纷慕名前来游山访水，让原本默默无闻的永州成为游览胜地。

"永州司马"这一"紧箍"，柳宗元整整戴了十年。十年间，他在政务上难有作为，转而将精力投入历史、文学、哲学等领域，除《永州八记》外，还撰写了一系列脍炙（kuài zhì）人口的美文佳篇。《柳河东全集》中的五百多篇诗文，有三百一十七篇都创作于永州。俗话说，"塞翁失马，焉知非福"，革新引起的政治风波击垮了柳宗元的光明仕途，却使他的文学创作达到巅峰，为后世留下了弥足珍贵的文化宝藏。

脍炙人口： 原意是指美味的东西大家都会喜欢，因此被用来比喻好的诗文或者事物受到了大家的广泛赞誉和传诵。

微言大义

柳宗元，才华横溢，少年得志，一身正气，可他的人生却与圆满毫不沾边。然而，他的人生又为我们昭示了另一种深刻的人生哲学：尽管我们无法掌控人生的机遇，但我们却可以选择面对人生的态度。与其执着于无法改变的遗憾，不如顺应自然，让该来的来、该去的去，全心投入每一个当下的瞬间。在他离世之后，柳州的百姓为了纪念他，建立了罗池庙，至今香火不断。他所创作的诗文，历经千年的沉淀，人们仍然在学习传颂。

自西山道口径北，逾黄茅岭而下，有二道。其一西出，寻之无所得；其一少北而东，不过四十丈①，土断而川分，有积石横当其垠②。其上为睥睨③梁欐④之形，其旁出堡坞，有若门焉。窥之正黑，投以小石，洞然有水声，其响之激越，良久乃已。环之可上，望甚远。无土壤而生嘉树美箭，益奇而坚，其疏数⑤偃仰，类智者所施设也。

——柳宗元《小石城山记》

❶ 丈：唐朝一丈约等于现在的 3.33 米，柳宗元所说的"四十丈"，约等于现在的 133 米。

❷ 垠：边界。

❸ 睥睨：通"埤堄"，城上的矮墙。

❹ 梁欐：房屋的栋梁。

❺ 数：密。

译文

从西山道口一直向北走，越过黄茅岭下去，有两条路。其中一条通向西边，沿着这条路寻找风景一无所获；另一条路略微偏北通向东边，往前走不到四十丈远，路就被一条河流隔断，有一座石山横挡在路上。石山顶部的形状像极了城墙和房屋的梁栋；石山旁边耸出一块像是城堡，那里有一个洞口好似一扇门。从洞口向里看，黑漆漆的什么都看不见，扔一块小石头进去，传来石头入水的"扑通"声，声音清亮激越，过了许久才消失。环绕山道可以到达山顶，站在山顶远望可以看得很远。这里没有土壤却生长着嘉树美竹，形状奇特、质地坚硬，林木与竹子分布疏密有致、高低错落，似乎是有智者精心布置的。

古文运动

古文运动是指唐朝中期及宋朝时，由影响力较大的几位文人发起的文体改革运动。为啥要改革文体呢？原来，当时文坛流行辞藻过度修饰且内容空虚的骈（pián）文，这样下去，你虚我虚大家虚，文风可就给带偏啦！怎么办？那就收收一飘几万里的虚无文风，学学人家古文的言之有物吧！

于是，以唐宋古文八大家为代表的一大批责任感强、文化水平过硬的大文豪，硬是将浮夸文风扳正，推动了唐宋文坛的文体革新。革新并非徒劳，因此文风焕然一新，涌现出一大批优秀的散文作品，对中国文学史上的散文发展起到了里程碑式的重要作用。

八愚荟萃

柳宗元到永州后，在一条小溪旁安了家。安家也就罢了，他还给家周围的泉水、山包、岛、屋、亭子、沟渠、池塘等统统安了个姓——愚。假如当时有社交软件，这些被冠以"愚"姓的景物如果有灵性的话，它们会怎么说呢？

大自然一家亲（群名）

哈喽，大家好，从此以后，咱们八个就是相亲相爱一家人，风霜雪雨不分离啦！

柳宗元

怎么都不说话呢？你们大胆聊，积极唠，增进下感情，加深下了解嘛！

愚溪

作为第一个被大人命名的，我先来说两句。过去，有位姓冉的人住在我旁边，那时候我叫冉溪。后来，有人传言我的水可以用来染色，又叫我染溪。再后来，大人就来了，喜欢我旁边的风景就住了下来，给我取了个新名字——愚溪。

愚丘

原本我可以不进愚家门的，谁叫我就在愚溪上游，被大人一眼看上买下来了呢！难道我看起来比较笨？

愚泉

我也是被大人买下的！因为我就住在距离愚丘东北方向六十步的地方！可是，我只有六个泉眼，却没有六个心眼，懵懵懂懂就接受大人给的"愚泉"之名啦！

愚沟

我觉得我有点冤，我只是愚泉泉眼汇合后，又向南流淌形成的水沟，就被单拎出来，变成"愚沟"啦！

愚池

照我说，你还没我冤！你是水沟，我也是水沟，都是从愚泉流出来的！可是，你是天然的，我是被大人堵住河道，硬憋成"愚池"的！

愚岛

没有你愚池，哪来的住在你中间、被大人运土堆石造成的我——"愚岛"啊！

愚堂

我在愚池东边，强烈怀疑是因为愚池，才让我叫"愚堂"！

愚亭

我在愚池南边，强烈怀疑 +1！

柳宗元

好啦好啦，都别胡乱猜瞎怀疑啦！实话告诉你们，你们姓"愚"，是因为我这个主人是天下第一愚昧无知的笨人，所以才犯罪被贬到永州嘛！

柳宗元

唔，大家都愚了，群名也该换一个。

于是，群名被柳宗元改为"八愚荟萃"……

互动小课堂

跟着柳公学写景

如果要把一次登山经历写成作文，你会怎样入手呢？咱们来学习一下《小石城山记》的写作手法吧——

着眼重点分详略

景物那么多，注意要选择。写景嘛，详略得当很关键，也就是把给你留下最深刻印象的景物着重拿出来，进行重点描述，其余景物略写。比如柳宗元来到黄茅岭下，见到小石城山之前的经历都一笔带过，着重描写"横当其垠"的"积石"。

景物特征要突出

"积石"有什么特征呢？柳宗元从视、听两方面进行了描述，用城堡、城墙、房屋梁栋、城门这些熟悉的事物作比，使积石形状具象化；再以投石入洞听到的声音大小、长短来衬托积石洞中的深幽。紧接着，柳宗元采用"移步换景"写法，描述走到积石后的所见，以一句"类智者所施设"的感触做写景结语，既表现出景物的特征，又承上启下，为下段抒情做出铺垫。

情景交融不可少

景物入了眼还不够，还要入心，也就是看到景物后的触动及感受。柳宗元一句"吾疑造物者之有无久矣"，抒发了遭贬谪的愤懑（mèn）以及仍不忘探求正义的积极心态，最后以"余未信之"结尾，为《小石城山记》乃至《永州八记》做了归纳。通篇有景有情，情景交融，使文章终了而余韵未歇，引发读者思索。

醉翁亭记

文坛领袖 欧阳修

本　名	欧阳修	**字**	永叔
别　称	醉翁、六一居士、欧阳文忠		
所处时代	北宋		

人生履历 进士及第步入仕途——洛阳当官，开始推行古文——回到京城，参与编修《崇文总目》——推行庆历新政失败，被贬滁（chú）州太守，写下《醉翁亭记》——召回京做翰林学士、史馆修撰——与宋祁等同修《新唐书》、独修《新五代史》——担任科举主考官，录取苏轼、苏辙、曾巩等人——反对王安石的"青苗法"——辞职归隐颍州（今安徽阜阳），归隐第二年去世，享年六十六岁。

"千古文章四大家"都是谁？

韩愈

柳宗元

欧阳修

苏轼

"六一居士"是哪"六一"？

欧阳修晚年自号"六一居士"，客人纳闷，问他："'六一'是哪六个'一'呀？"

欧阳修回答："藏书一万卷，金石遗文一千卷，琴一张，棋一局，酒一壶。"

客人掰着指头数了又数，更纳闷了："这才五个一呀，第六个呢？"

欧阳修笑了，指指自己："还有一老翁啊！我终老于五个一之间，不正好是'六一'吗？"

云游览

快一千年啦，我"醉翁亭"仍然没挪窝，还在安徽滁州好生待着呢！我和北京陶然亭、长沙爱晚亭、杭州湖心亭并称为"中国四大名亭"，风景优雅静美，还有"醉翁九景"可供赏玩，快来我家做客吧！

欧阳修
嘴狠话不多，爱酒爱生活

北宋大文学家欧阳修自幼失去父亲，在叔父家长大。因叔父家中贫困，欧阳修无法进私塾读书，他的母亲就用荻（dí）秆在沙地上教他写字，为他完成了启蒙教育。在母亲的影响下，欧阳修非常喜爱读书，经常借别人家的书抄读，终于在天圣八年（公元 1030 年）进士及第。

老王换老钱，直怼明是非

天圣九年（公元 1031 年），欧阳修乐颠颠赶往洛阳赴任。在这里，他遇到了一位给他留下终生美好回忆的人——当时的洛阳留守钱惟演。钱惟演十分喜爱欧阳修这些年轻文人，这份喜爱可不是口头说说，而是体现在实际行动上，总而言之一个字儿：宠！行政事务太琐碎？没关系，少干点。吟诗写文最风雅？没问题，写去吧。甚至有一次，欧阳修和朋友登山游玩时赶上下雪，钱惟演还送去大厨和歌女，让他们不用挂虑公事，登山这么累，尽管开心赏雪，别着急回来……

不久，钱惟演被贬离洛阳，换上了老官员王曙。王大人对欧阳修等人终日游乐的行为十分不满，严厉训斥了他们，还举了寇准被免官的例子，告诫他们耽于享乐就是这个下场。所有人都不敢回嘴，只有欧阳修站出来回怼："不对吧？寇莱公被贬分明是因为一大把年纪了还不知退隐嘛！"

"一大把年纪？这……这小子好像转而在用这个事例讽刺我吧？"王曙当即哑口无言。

玩够了再回来！

老宋文风偏，讽刺暗戳戳

　　欧阳修史学造诣极高。至和元年（公元 1054 年），宋仁宗皇帝让他去主持《新唐书》的修订，负责统筹所有编纂人的文稿。凭借欧阳修的学识和文笔，整理文稿小菜一碟，可欧阳修一看上交的文稿，顿时头大如斗——太晦涩难懂了吧？！如果把历史比作可以让后人明鉴古今、知晓得失的镜子，那这部交到欧阳修手中的《新唐书》初稿可不是清晰透亮的明镜，而是一面锈迹斑斑、连人影都照不出来的老镜……

　　出现这类问题，和当时宋朝文坛正流行的古文运动有关。其实，古文运动的初衷是摒弃华而不实的骈文，让文章言之有物，也就是字字句句都要说到点子上。可是，有

> 《新唐书》："二十四史"之一，全书共有 225 卷，在体例上第一次写出了《兵志》，系统论述唐代府兵等军事制度。这是中国正史体裁史书的一大开创。

些文人效仿古代文风却无古文神韵，乱用生僻字来彰显自己读书多、水平高。个中高手，要属负责《新唐书》列传部分的宋祁（qí）。宋祁在列传中用了"迅雷不及掩耳"这句话，为显示古色古香，改笔写成"震霆无暇掩聪"。好嘛，迅雷对震霆，不及对无暇，耳对聪，这是生生把读一遍就懂的大白话改造成读十遍都难明白的所谓古话啦！

比更难懂？我也会！欧阳修在办公地点的门上题了八个大字"宵寐非祯，札闼（tà）洪休"。宋祁一上班看见这八个字，左看右看上看下看，终于明白了啥意思，忍不住哈哈大笑："明明是'夜梦不详，题门大吉'，你为什么非写成这样呀？"

欧阳修微笑又不失恭敬地回答："我是在学习模仿您写列传的手法……"

宋祁听了恍然大悟，当即改掉了乱用生僻字的毛病。

五字概全景，醉翁传名篇

庆历五年（公元1045年），欧阳修再次遭遇贬官，去滁州（今安徽滁州）当太守。他延续在洛阳时爱游玩的老习惯，经常和一群朋友游山玩水，遇到百姓也不摆官架子，与民同乐。

这不，有一天，欧阳修又带着朋友们一起去滁州城西南的琅琊山上游玩。登山望远，滁州城尽在脚下，东看西看南看北看，哇，滁州城的周围有这么多山，形状各异、风光优美，太壮观啦！如此美景怎么形容呢？于是，欧阳修斟酌再三，大笔一挥写下五个字：环滁皆山也。一句话，从俯瞰视角总括了山连山环绕滁州城的美景。

游玩累了，欧阳修便在亭中摆设酒宴招待宾客们。因自己年纪最大、又爱喝酒，便自嘲为"醉翁"，还亲切地把这个小亭子叫作"醉翁亭"。宴饮中，欧阳修很快就薄醉微醺，握着酒杯坐在席间，乐呵呵看着宾客们投壶的投壶，下棋的下棋，说笑的说笑，行酒令的行酒令。

视线一转，欧阳修远望亭外山中，看到百姓们有的背负东西在路上唱歌欢笑，有的在树下擦汗休息，有老人弯腰步履蹒跚，有幼童跟随大人摇摇晃晃……好一派百姓欢乐出游的景致啊！品味此情此景，欧阳修忍不住发出"太守之乐其乐"的感慨——我的快乐，就是以游人的快乐为快乐啊！

微言大义

欧阳修的故事告诉我们，无论人处在顺境还是逆境，都要保持乐观平和的心态。人不能决定所经历的事情是否如意，但能决定自己对待事情的态度。人生难免起落，尤其是处于低谷时，更要积极向上，像欧阳修一样自得其乐并在其位谋其政，避免在自怨自艾中虚耗时光。

学古文

huán chú ① jiē shān yě　　qí xī nán zhū fēng　　lín hè ② yóu
环滁①皆山也。其西南诸峰，林壑②尤

měi　　wàng zhī wèi rán ③　ér shēn xiù zhě　　láng yá ④ yě　　shān xíng
美。望之蔚然③而深秀者，琅琊④也。山行

liù qī lǐ　　jiàn wén shuǐ shēng chán chán　　ér xiè chū yú liǎng fēng zhī
六七里，渐闻水声潺潺，而泻出于两峰之

jiān zhě　　niàng quán yě　　fēng huí lù zhuǎn　　yǒu tíng yì rán ⑤ lín yú
间者，酿泉也。峰回路转，有亭翼然⑤临于

quán shàng zhě　　zuì wēng tíng yě　　zuò tíng zhě shuí　　shān zhī sēng zhì
泉上者，醉翁亭也。作亭者谁？山之僧智

xiān yě　　míng zhī zhě shuí　　tài shǒu ⑥ zì wèi yě　　tài shǒu yǔ kè
仙也。名之者谁？太守⑥自谓也。太守与客

lái yǐn yú cǐ　　yǐn shǎo zhé zuì　　ér nián yòu zuì gāo　　gù zì hào
来饮于此，饮少辄醉，而年又最高，故自号

yuē zuì wēng yě　　zuì wēng zhī yì bú zài jiǔ　　zài hū shān shuǐ zhī
曰醉翁也。醉翁之意不在酒，在乎山水之

jiān yě
间也。

——欧阳修《醉翁亭记》

① 滁：在今安徽滁州。

② 壑：深沟，深谷。

③ 蔚然：草木繁盛的样子。

④ 琅琊：琅琊山，在今滁州西南。

⑤ 翼然：像鸟儿张开翅膀一样。

⑥ 太守：郡的长官。宋朝时废除"郡"，设置"州"，并无"太守"职务，但人们仍习惯性把"知州"称为太守。

译文

环绕滁州城四面的都是山。西南方向有几座山峰，树林和深谷尤其秀美。远远望去，那浓荫遮蔽、幽深秀丽的地方，就是琅琊山。进山走上六七里，渐渐可以听到潺潺流水声，（再向前走，）看到那从两座山峰之间倾泻而出的，就是酿泉。山势回环，路径蜿蜒，几个转折后，就可看到一座亭子，它边檐翘起，如飞鸟展翅般蹲踞在泉水之上，这便是醉翁亭。建造亭子的人是谁？是这座山上的僧人智仙。给亭子取名的是谁？是自号"醉翁"的滁州太守。太守与宾客经常来这里饮酒，浅尝一点就醉，年龄又最大，所以自己给自己起了个称号叫"醉翁"。其实，醉翁的心意并不在酒，而在这明秀清丽的山水之间。

"二十四史"

　　"二十四史"是中国古代各朝"正史"，记载了上至黄帝、下至明朝崇祯十七年（公元1644年）共4000多年的历史。这二十四部史书包括：《史记》《汉书》《后汉书》《三国志》《晋书》《宋书》《南齐书》《梁书》《陈书》《魏书》《北齐书》《周书》《隋书》《南史》《北史》《旧唐书》《新唐书》《旧五代史》《新五代史》《宋史》《辽史》《金史》《元史》《明史》。

　　值得注意的是，在这二十四本史书当中，有两本——《新唐书》和《新五代史》，都是由欧阳修参与编写或独自编写的。

什么是"青苗法"？

　　"青苗法"又称"常平新法"，是北宋王安石新法之一。熙宁二年（公元1069年）开始实行。青苗法就是民户在每年夏收秋收前，可以向当地官府借贷现钱或粮谷，在青黄不接的时候得到救济，称"青苗钱"。借户贫富配搭，五户或十户为一保，互相检察。如河北为一等户十五贯，五等户一贯等。国家收取20%的利率，半年为期。这项政策缓解了民间高利贷的盘剥现象，增加了国库收入。

　　可见，青苗法的初衷是好的，但执行过程中问题却不少。问题出在哪儿呢？主要是它没能限制政府官员追求政绩的冲动，结果青苗线从自愿借贷变成了强制性的摊派。这样一来，青苗法就变成了对富户变相征收的财产税。全国推行后，政府每年从青苗息钱里就能收到二三百万贯，原本想惠民的初衷在这么多钱面前变了味，政府反而成了最大的高利贷者。更别提那些官吏们还可能随意加息、欺压富户，或者把本金囤积起来再放高利贷。这些不可控的行为都让青苗法变成了苛政。最终在元祐元年（公元1086年）被废止。

红杏尚书宋祁

与欧阳修一同修撰《新唐书》的宋祁，是北宋著名文学家、史学家及词人，曾担任工部尚书。因他的一首词《玉楼春·春景》中有"红杏枝头春意闹"名句，被世人称为"红杏尚书"。

玉楼春·春景

北宋·宋祁

东城渐觉风光好，毂（hú）皱波纹迎客棹（zhào）。绿杨烟外晓寒轻，红杏枝头春意闹。

浮生长恨欢娱少，肯爱千金轻一笑。为君持酒劝斜阳，且向花间留晚照。

阅读下面的文言文，完成下面小题。

1.环滁皆山也。其西南诸峰，林壑尤美。望之蔚然而深秀者，琅琊也。山行六七里，渐闻水声潺潺，而泻出于两峰之间者，酿泉也。峰回路转，有亭翼然临于泉上者，醉翁亭也。作亭者谁？山之僧智仙也。名之者谁？太守自谓也。太守与客来饮于此，饮少辄醉，而年又最高，故自号曰醉翁也。醉翁之意不在酒，在乎山水之间也。山水之乐，得之心而寓之酒也。

2.若夫日出而林霏开，云归而岩穴暝，晦明变化者，山间之朝暮也。野芳发而幽香，佳木秀而繁阴，风霜高洁，水落而石出者，山间之四时也。朝而往，暮而归，四时之景不同，而乐亦无穷也。

3.至于负者歌于途，行者休于树，前者呼，后者应，伛偻提携，往来而不绝者，滁人游也。临溪而渔，溪深而鱼肥；酿泉为酒，泉香而酒洌；山肴野蔌，杂然而前陈者，太守宴也。宴酣之乐，非丝非竹；射者中，弈者胜；觥筹交错，起坐而喧哗者，众宾欢也。苍颜白发，颓然乎其间者，太守醉也。

4.已而夕阳在山，人影散乱，太守归而宾客从也。树林阴翳，鸣声上下，游人去而禽鸟乐也。然而禽鸟知山林之乐，而不知人之乐；人知从太守游而乐，而不知太守之乐其乐也。醉能同其乐，醒能述以文者，太守也。太守谓谁？庐陵欧阳修也。

1.解释下列加线的词语。

（1）名之者谁（　　　　　）

（2）得之心而寓之酒也（　　　　　）

（3）觥筹交错（　　　　　）

（4）树林阴翳（　　　　　）

2.翻译下面的句子。

（1）野芳发而幽香，佳木秀而繁阴。

_____

（2）人知从太守游而乐，而不知太守之乐其乐也。

_____

3.下列对文章内容分析不当的一项是（　　　　　）。

A.第2段"日出而林霏开，云归而岩穴暝"采用对偶手法，描写了山间变幻多姿的早晚景物，两幅画面对比鲜明。

B.第3段"颓然乎其间者，太守醉也"，既照应了首段太守"饮少辄醉"，也凸显了作者政治失意、仕途坎坷的内心抑郁和苦闷。

C.本文除第1段外，每段开头都用领起词语引出下文。从"若夫"到"至于"到"已而"，展开了从景物到游乐到归来的一幅幅画卷。

D.这篇文辞优美的山水游记，通过醉人游、太守宴、众宾欢、太守醉四个画面，展现了太守与民同乐的美好场景。

参考答案

1.（1）命名；（2）寄托；（3）古代的一种酒器；（4）树荫覆盖着。翳，遮蔽。

2.（1）野花开放，散发清幽香气；好树繁茂，形成浓密绿荫。（2）人们只知道跟随太守游玩的乐趣，却不知道太守以游人的快乐为快乐。

3.B

前赤壁赋

全能型人才 苏轼

本　　名	苏轼	**字**	子瞻
别　　称	苏东坡、苏文忠、苏仙、坡仙、东坡居士、铁冠道人		
所处时代	北宋		
人生履历	嘉祐年间进士，知湖州时遭遇乌台诗案——被贬黄州，做《前赤壁赋》《后赤壁赋》——起复后任职杭州，疏浚西湖，修筑苏公堤——再次遭贬至惠州、儋州——赦免归来，不久即病逝，谥号"文忠"。		

"宋四家"都有谁？

　　"宋四家"是中国北宋时期四位书法家苏轼、黄庭坚、米芾（fú）和蔡襄的合称。这四个人代表了宋代的书法风格，故称"宋四家"。

　　黄庭坚：我行书好，草书更好。

　　米芾：我创立了"米点山水"，我的《蜀素帖》被称为"中华第一美帖"。

　　蔡襄：我是北宋著名的书法家、文学家、茶学家。

　　苏轼：我开创了湖州画派。

有我，我行书好，草书更好。

黄庭坚

有我，我创立了"米点山水"。

米芾

有我，我书法好。

蔡襄

我开创了湖州画派。

苏轼

想来找我玩儿？可别找错地方呀！我呀，是文赤壁，也就是苏轼游览过的、位于黄州西北汉川门外的赤壁！在湖北赤壁（曾名蒲圻），还有一个武赤壁，那里才是三国时赤壁大战的古战场呢！

苏轼游赤壁
赏个月，还得兼任知心大哥

元丰二年（公元 1079 年），苏轼走马上任湖州（今浙江湖州）知州，才仨月，官印还没摸热乎，就因为一封例行奏表被御史台抓住了小辫子，认为涉嫌讥讽朝政，被抓起来在牢房蹲了一百多天，差点儿一命呜呼，这就是著名的"乌台诗案"。出狱后，小命保住了，官职却被一撸到底，从富庶之地的知州大老爷，成为偏远地区黄州（今湖北黄冈）的小小团练使，还是个副的。不过，甭为苏轼担心，人家根本没被这场来势汹汹的飞来横祸打倒，赏玩风景的情致丝毫未减，还能开解陷入情绪低谷的好朋友……

约友同去游赤壁

俗话说，十五的月亮十六圆，这不，七月十六日夜，苏轼与一位友人相约在赤壁下的江流中，准备好好赏月。

夜幕初降，苏轼与友人如约而至，他们驾着一条载着美酒和美食的小船，优哉游哉地划入江心。当晚夜色很好，天空明朗，微风轻拂，一轮圆月从东山悄然生起，毫不吝啬地将清辉遍洒大地。

如此美月，怎能无诗？苏轼与友人举杯畅饮，你一句我一句吟诵起《诗经》中的那篇《月出》。很快，月上中天，至斗星和牛星之间，白蒙蒙的雾气像一条半透明的白纱横贯江面，远远望去，江水浩瀚无际，波光涌动直至天边。

沐浴着月光，驾着小船荡在万顷波涛上，恍惚间，苏轼和友人觉得自

斗星、牛星：二十八星宿中的其中两个，斗、牛、女、虚、危、室、壁，这七个星宿形成一组龟蛇互缠的形象，春分时节在北部的天空，故称北方玄武七宿。

己似乎与这天、月、雾、水融为一体，再加上几分酒劲儿上头，他们胸中激荡起沸腾豪情：

啊！我要凌空飞起，借着这好风飞到天边！

啊！我要高高飘起，脱去这血肉皮囊，上天成仙！

好友钻进牛角尖

就这样，酒越喝越高，情绪越调越兴奋，苏轼干脆敲起船舷当伴奏，扯开嗓子唱起欢快的歌。友人也很默契，吹起洞箫伴奏。箫歌相和，当为雅事，可苏轼很快歇了嗓儿——这箫声不对味儿呀！那个悲伤，那个哀愁，简直能让深渊中的蛟龙都被触动，让孤舟上的寡妇都为之哭泣。

我这正乐呵呢，你为什么吹出这个调调？苏轼不高兴了，他整了整衣襟，端坐好，问朋友为什么这样，朋友放下洞箫，情绪低落地叹口气，说："老苏啊，'月明星稀，乌鹊南飞'，这正是曹孟德的诗句啊，想起他的诗句，我就忍不住想起他在赤壁时的英姿。

"你想啊，那时候他攻东吴时，战船排布密密麻麻，绵延水面千里，旌旗招展，连日光都给遮蔽了，而他自己呢，面对滔滔江水斟酒畅饮，横槊（shuò）吟诗，多么豪情万丈的一代英雄啊！可你看，他现在又在哪里呢？"

苏轼这才明白，敢情这哥儿们触景生情，想起古人在这伤感呢！随即，朋友缓口气，从曹操说到自身："连曹孟德都在岁月中灰飞烟灭了，何况你我呢？

"你瞧瞧咱俩现如今这状态，和渔子樵夫没什么两样，与鱼虾作伴，和麋鹿当朋友，驾着一叶小舟，喝点小酒，像小虫寄生在天地间那般脆弱，像一粒粟米掉进大海那么渺小，多悲哀啊！长江无穷无尽，明月永恒久远，而我们的生命多么短促！"

苏轼一看，心想：这家伙的思维一头扎进牛角尖儿拔不出来了，让我来帮你吧！

我来开导开导你。

心结尽解同睡去

还别说，苏轼文章写得好，劝人也有一套。朋友的心结从羡慕江水和明月来，那我也拿江水明月说事儿吧！

于是，苏轼从另一个角度诠释了人类这种寿命短暂的生物该如何看待江水和明月："江水浩荡不断奔流，而实际上并没有流去；月亮时圆时缺，实际上一点也没有增减。从变的角度去看，天地间万物每时每刻都在变动不停；从不变的角度去看，万物与我们一样，存在是永恒的，又有啥可羡慕的呢？

"你看这江上的清风，山间的明月，耳朵听见就是音乐，眼睛看见即成美景，是大自然恩赐的取之不尽的宝藏，且我们能共同享受的！"

　　"对呀，是这个理儿呀！我们享受着自然风光过好当下，这快乐可是实实在在的！"听完苏轼的话，友人的思维一下子就从牛角尖儿蹦了出来，转悲为喜，又开始饮酒聊天，直吃得杯干盏净，二人你枕着我，我枕着你，醉卧于小船中，直到天亮……

微言大义

　　苏轼夜游赤壁的经历告诉我们，同样的景物，心境不同的人，所见和所感也大不相同。同是赤壁赏月，苏轼的朋友伤古叹今，悲不自胜；苏轼却别发感慨，认为清风明月格外畅怀。我们要学习苏轼的乐观洒脱，从琐碎日常中寻找快乐，用积极的心态过好每一天。

原汁原味 学古文

rén xū ① zhī qiū　　qī yuè jì wàng ②　　sū zǐ yǔ kè fàn zhōu
壬戌①之秋，七月既望②，苏子与客泛舟

yóu yú chì bì zhī xià　　qīng fēng xú lái　　shuǐ bō bù xīng　　jǔ
游于赤壁之下。清风徐来，水波不兴。举

jiǔ zhǔ kè ③　　sòng míng yuè zhī shī ④　　gē yǎo tiǎo zhī zhāng ⑤　　shǎo
酒属客③，诵明月之诗④，歌窈窕之章⑤。少

yān　　　yuè chū yú dōng shān zhī shàng　　pái huái yú dǒu　　niú zhī jiān
焉，月出于东山之上，徘徊于斗、牛之间。

bái lù héng jiāng　　shuǐ guāng jiē tiān　　zòng yì wěi zhī suǒ rú　　líng wàn
白露横江，水光接天。纵一苇之所如，凌万

qǐng zhī máng rán　　hào hào hū rú píng xū yù fēng ⑥　　ér bù zhī qí
顷之茫然。浩浩乎如冯虚御风⑥，而不知其

suǒ zhǐ　　piāo piāo hū rú yí shì dú lì　　yǔ huà ⑦ ér dēng xiān
所止，飘飘乎如遗世独立，羽化⑦而登仙。

——苏轼《前赤壁赋》

079

❶ 壬戌：宋神宗元丰五年（公元 1082 年）。

❷ 既望：农历每月十六日。既，过了。望日，指每月十五日。

❸ 举酒属客：举起酒杯，向客人敬酒。属，祝酒劝饮的意思。

❹ 明月之诗：《诗经·陈风·月出》。

❺ 窈窕之章：《月出》一篇的首章，其中有"月出皎兮，佼人僚兮，舒窈纠兮"的句子。

❻ 冯虚御风：腾空驾风而行。冯，同"凭"，凭借。

❼ 羽化：昆虫的幼虫蜕皮为成虫的过程，道家称修炼成仙为"羽化"，文中指成仙。

译文

元丰五年秋，七月十六日，苏轼和客人一起坐船到赤壁下游览。清凉的山风徐徐吹来，江面上无波无澜。（苏轼）高举着斟满的酒杯向客人敬酒，吟诵起《诗经·陈风·月出》。不一会儿，月亮从东山冉冉升起，在斗宿和牛宿之间逗留徘徊。白茫茫的水汽横浮在江面，亮闪闪的波光遥接到天边。（二人）放任所乘的这一叶扁舟自在飘荡，越过浩渺无边的万顷波涛。江面浩瀚辽阔，恍惚间，好似乘着风翱翔在天空，不知道飞到哪里才会停止，又好似身轻如燕飘然浮起，仿佛远离人世登上了仙境。

宋词

宋朝时，一种句子有长有短的新体诗歌大大兴盛起来，这就是词，也称长短句。就像每首歌都有它独特曲调一样，每首词也有着特定的格式和乐谱，称为词牌，比如《念奴娇》《满江红》《小重山》《木兰花》等。当时的词坛有豪放、婉约两个流派：豪放派代表人物有苏轼、辛弃疾等，他们词风恢宏，气象阔大；婉约派代表人物有欧阳修、李清照等，他们词风清丽，情致细腻。

苏轼有一首著名的写月的词，千百年来被人广为流传，一起来欣赏吧——

水调歌头·明月几时有

宋·苏轼

丙辰中秋，欢饮达旦，大醉，作此篇，兼怀子由。

明月几时有？把酒问青天。不知天上宫阙，今夕是何年。我欲乘风归去，又恐琼楼玉宇，高处不胜寒。起舞弄清影，何似在人间。

转朱阁，低绮户，照无眠。不应有恨，何事长向别时圆？人有悲欢离合，月有阴晴圆缺，此事古难全。但愿人长久，千里共婵娟。

月亮别名知多少

在古代，除了"婵娟"，月亮还有好多动听雅致的名字呢——

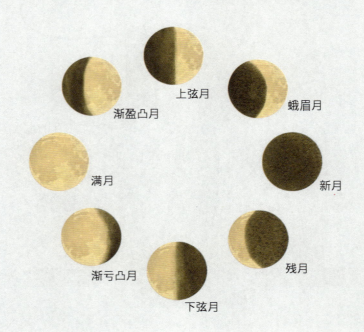

上弦月

蛾眉月

渐盈凸月

新月

满月

残月

渐亏凸月

下弦月

银钩、玉钩、琼钩、玉帘钩（初月）、玉弓、弓月、明弓（弦月）、金轮、玉轮、银盘、玉盘、金镜、玉镜、冰镜、水镜、圆镜、宝鉴、月轮、琼轮、白轮、冰轮、孤轮、飞镜、天镜、金鉴、玉鉴、圆轮、轮辉、晶盘……这些指的都是月亮。

赤壁之战

《前赤壁赋》中提到的赤壁之战发生在东汉末年，是中国历史上以少胜多、以弱胜强的著名战役。那是在东汉建安十三年（公元208年），三大割据政权曹操、孙权、刘备在长江赤壁（今湖北赤壁市西北）展开了一场大战。曹操军队足有二十万，而孙权、刘备联军仅有三万。双方在赤壁相遇，隔长江对峙。孙刘联军巧用天时，借诈降之计，趁风势将火船送入曹军阵营，烧毁曹军大部分战船，出乎意料地打败了强大的曹军。

赤壁之战后，曹操实力大减，孙、刘趁机崛起，逐渐形成三国鼎立的局面。

《诗经》

《诗经》，是我国古代最早的一部诗歌总集，分为《风》《雅》《颂》三个部分，共305篇，语言朗朗上口，情感真挚细腻。孔子曾称赞它思想纯正："《诗》三百，一言以蔽之，曰：'思无邪'"。

《风》，是周初至春秋间各个地方的民歌，比如苏轼和朋友咏唱的《诗经·陈风·月出》，就是陈这个诸侯国的民歌。《雅》，指朝廷正乐，又分为《大雅》和《小雅》：《大雅》多为贵族文人所写，记载贵族祭祀、宴会以及历史现实的乐歌；《小雅》中的民歌大都反映了普通士兵及民众的情感体验，如《采薇》，就以戍卒口吻，写出了军旅生活的情况与戍卒对家乡的思念。《颂》，主要收录了宗庙祭祀的乐歌。

下面，就让我们一起读一读苏轼和友人所唱的《诗经·陈风·月出》，畅想下当时月出东山的美景吧——

月出皎兮，佼人僚兮，
舒窈纠兮，劳心悄兮！
月出皓兮，佼人懰（liǔ）兮，
舒忧受兮，劳心慅（cǎo）兮！
月出照兮，佼人燎兮，
舒夭绍兮，劳心惨兮！

刚才我们简单了解了豪放派与婉约派，现在读一下两派的典型词作，试着填写表格，解析一下二者之间的不同吧！

阅读两首风格不同的词，填写表格：

雨霖铃

宋·柳永

寒蝉凄切，对长亭晚，骤雨初歇。都门帐饮无绪，留恋处，兰舟催发。执手相看泪眼，竟无语凝噎。念去去、千里烟波，暮霭沉沉楚天阔。

多情自古伤离别，更那堪、冷落清秋节！今宵酒醒何处？杨柳岸、晓风残月。此去经年，应是良辰好景虚设。便纵有千种风情，更与何人说？

念奴娇·赤壁怀古

宋·苏轼

大江东去，浪淘尽，千古风流人物。故垒西边，人道是，三国周郎赤壁。乱石穿空，惊涛拍岸，卷起千堆雪。江山如画，一时多少豪杰。

遥想公瑾当年，小乔初嫁了，雄姿英发。羽扇纶巾，谈笑间，樯橹灰飞烟灭。故国神游，多情应笑我，早生华发。人生如梦，一尊还酹江月。

诗歌名		雨霖铃	念奴娇·赤壁怀古
主题	实景		
	虚景		
景物描写特点			
内容			
情感描写特点			
语言特点			
所属流派			
流派代表人物 （至少列举三个）			
流派艺术特色			

📖 互动小课堂

诗歌名		雨霖铃	念奴娇·赤壁怀古
主题	实景	寒蝉、长亭、骤雨、都门、兰舟、烟波、楚天	大江、故垒、乱石、惊涛
	虚景	杨柳岸、晓风残月	樯橹灰飞烟灭
景物描写特点		具体、生动	细节特征不明显，着眼于神韵与声势
内容		男女爱情、离愁别绪	英雄豪杰、怀古伤今
情感描写特点		细腻、融情于景	豪放、借事言志
语言特点		含蓄、委婉	直白、畅快
所属流派		婉约派	豪放派
流派代表人物（至少列举三个）		晏殊、柳永、李清照、李煜等	苏轼、辛弃疾、陆游等
流派艺术特色		写景铺叙细腻，曲尽其形，辞藻华美；抒情委婉含蓄	写景大笔勾勒，直截了当；抒情朴实明快，直抒胸臆

岳阳楼记

能文能武 范仲淹

本　名	范仲淹	字	希文

别　称	朱说、范履霜、范文正

所处时代	北宋时期

人生履历	幼年丧父，随母改嫁——知晓身世，离家求学——进士及第，修筑西溪海堤——入京为官，呈上万言《上执政书》——上书仁宗不要用朝拜礼仪给太后祝寿，上书太后还政于仁宗——自请外任为官，频繁上书仁宗指出政事弊端——回京为官，与吕夷简相争被贬——去西北边疆，参与宋夏之战——主持庆历新政——赴任颍州途中病逝，享年六十四岁，谥号"文正"，追封"楚国公"。

范仲淹和滕子京是啥关系？

考试：范仲淹中了进士；滕子京也在同年进士及第。二人在科举考试中相识。

当官：范仲淹西溪修海堤——滕子京没少帮忙；范仲淹当京官——滕子京当地方官；范仲淹赶赴西北战场——滕子京也在这儿……

明白了吧？俺俩一起中进士、一起下过乡、一起扛过枪，妥妥的好哥们！

范仲淹

滕子京

云游览

嗨，大家好，我是岳阳楼，坐落在湖南岳阳。我可是江南三大名楼之一哟，有着近 1800 年的历史。我的出名可不仅仅是因为我的颜值，范仲淹先生当年就是在这里，被我的美景所打动，挥毫泼墨，写下了"先天下之忧而忧，后天下之乐而乐"的名句，让我的名字和这名言一起，流芳百世。

范仲淹
文能治国兴邦，武能提枪上战场

范仲淹，北宋历史上少有的多面手，敢怼皇帝，能写文章，还会带兵打仗……样样做到第一流。他的故事，充满了坎坷与奋斗，称得上是一部励志大片。

一碗剩粥吃两顿

范仲淹小时候过得非常苦，他父亲在他两岁时就去世了，他跟随母亲改嫁到并不富裕的继父家。

继父家附近有座山，山上有座寺庙，环境清幽、人迹罕至。爱学习的范仲淹一眼就相中了这座寺庙，好一个专心读书妙地啊！于是，他背着行李卷从家搬到僧房居住，昼夜不停地刻苦读书。书虽好，却填不饱肚子。那时的范仲淹又实在太穷，只能每天煮一碗小米粥，捣烂一些野菜，等到第二天米粥凝固，就用刀子将粥分为四块，配着野菜早晚各吃两份，省钱又省时，能活能读书。

西溪海畔范公堤

渐渐地，范仲淹的书越读越多，视野也越来越开阔，立下了"不为良相，便为良医"的大志向。功夫不负有心人，范仲淹二十六岁那年考中进士当了官儿。在百姓眼中，官儿有一心为民的青天官儿，也有一心捞钱的扒皮官儿，而范仲淹就是经过群众验证的青天官儿。

有一段时间，范仲淹当了西溪（今江苏东台西溪）的父母官。西溪这地方靠海，产海盐，大海为西溪百姓带来了收益，也带来了灾难。涨潮时，汹涌澎湃的海水争先恐后地灌入良田，毁掉长得好好儿的庄稼。范仲淹关心百姓疾苦，于是，他亲自上阵，带领百姓修筑海堤，大大缓解了海水倒灌带来的危害。

范大人这事儿办得好啊！当地百姓无不竖起大拇指为他点赞，还把这条海堤叫作"范公堤"。

怼人从不看身份

这么好的官儿，必须重用。很快，范仲淹被调任到京城。没想到，范仲淹一到，朝廷上至皇帝、太后，下至文武百官，全部开了眼——他这张嘴谁都敢怼！

我看你是活够了！！

宋仁宗继位时年龄小，母亲刘太后借机把持朝政，掌握大权，等宋仁宗长大后也没还政。很多朝臣觉得刘太后这事办得有点不地道，但毕竟人家是太后，大家再看不惯，也只是在心里嘀咕。可范仲淹却直接上书，请太后退居二线把权力还给皇帝，气得刘太后咬牙跺脚。后来，宋仁宗因郭皇后误伤自己想废后，范仲淹直接怼到仁宗面前，据理力争极力反对。

太后、皇帝都敢怼，朝官自然也不在话下。当朝宰相吕夷简，辅佐宋仁宗有功，把持朝政排斥异己，很多朝官敢怒不敢言。范仲淹一看，这还了得，于是画了一幅《百官升迁次序图》献给仁宗，讽刺吕夷简任人唯亲。吕夷简大怒，指责范仲淹越职言事挑拨离间，范仲淹不甘示弱，连上四道奏章反怼吕夷简狡诈奸猾……

"小范老子"威风足

当时，西夏国屡次在边境挑衅，朝廷派范仲淹到前线抵御西夏。刚开始，西夏国对他不屑一顾：一介文臣能干啥？"笔杆子"能打过"枪杆子"？可没想到，范仲淹打起仗来也毫不含糊，他团结当地羌族，筹备粮草，训练士兵，每次交战都能咬准敌方弱点，打得西夏军队落花流水，最后向北宋求和停战。

西夏：是中国历史上由党项人在中国西北部建立的朝代，因其在西北，故称之为西夏。曾一度与宋辽（金）对峙，形成了中国历史上第二个三国时期。

到了后来，西夏人提起他就忍不住一哆嗦，称他为"小范老子"。

看图写话感情真

庆历五年（公元 1045 年），范仲淹的好友滕子京给他送来一幅《洞庭晚秋图》。滕子京曾与范仲淹一起在西北战场守过边疆，历经患难，感情深厚。这位滕大人也是个眼里不揉沙子的正义人，因得罪了上级被贬到巴陵郡（今湖南岳阳）当太守。和范仲淹类似，滕大人不怨天尤人而是埋头干起了实事，还重修了洞庭湖畔的岳阳楼。修好后，滕子京怎么看怎么高兴，就把岳阳楼的景致绘制出来，请范仲淹为他写篇《岳阳楼记》。

先天下之忧而忧，后天下之乐而乐。

而此时的范仲淹，际遇也是惨兮兮，庆历新政失败，他被贬邓州，正好一肚子感慨想找个地儿抒发，加上好哥们相邀，便一口答应下来了。收到《洞庭晚秋图》之后，尽管从未去过，也一下子被图中浩瀚的景致吸引了，挥毫写出"看图作文"的天花板——《岳阳楼记》。

微言大义

范仲淹的一生，可谓是逆天改命的一生。他早年便失去了父亲，被宗族所遗弃，然而他并未因此沉沦，而是寒窗苦读，终于在科举考试中一举成名。他初入官场，官微言轻，却没有碌碌无为，反而廉洁奉公，明察秋毫。他兴办学院，重修海堤，救民于水火。他是一介书生，却挺身而出，带领宋军驱逐外族入侵，守护家国。他是当朝宰相，身居高位，他仍不忘初心，积极参与变法；变法失败被贬谪，他仍豁达面对，挥洒出"先天下之忧而忧，后天下之乐而乐"的千古绝唱。范仲淹的一生，从来没有向命运低头，而是在逢山开路、遇水搭桥中寻找无限可能。

学古文

嗟(jiē)夫(fú)！予(yú)尝(cháng)①求(qiú)②古仁人(gǔ rén rén)③之心(zhī xīn)，或异二(huò yì èr)者之为(zhě zhī wéi)。何哉(hé zāi)？不以物喜(bù yǐ wù xǐ)，不以己悲(bù yǐ jǐ bēi)。居庙(jū miào)堂(táng)④之高(zhī gāo)，则忧其民(zé yōu qí mín)；处江湖(chǔ jiāng hú)⑤之远(zhī yuǎn)，则忧其(zé yōu qí)君(jūn)。是进亦忧(shì jìn yì yōu)，退亦忧(tuì yì yōu)。然则何时而乐耶(rán zé hé shí ér lè yé)？其必曰(qí bì yuē)"先天下之忧而忧(xiān tiān xià zhī yōu ér yōu)，后天下之乐而(hòu tiān xià zhī lè ér)乐(lè)"欤(yú)！噫(yī)！微(wēi)⑥斯人(sī rén)⑦，吾谁与归(wú shuí yǔ guī)⑧？

——范仲淹《岳阳楼记》

注释

① 尝：曾经。

② 求：探索。

③ 仁人：泛指爱国爱民、品德高尚之人。

④ 庙堂：宗庙和明堂，代指朝廷。

⑤ 江湖：泛指五湖四海，唐以后，多指流落漂泊的地方。

⑥ 微：如果不是。

⑦ 斯人：这样的人，指"古仁人"。

⑧ 归：同一趋向。

译文

唉！我曾经探求古代仁义贤德之人的思想，或许不同于上述两种状态。是什么呢？（他们）不因外界事物的影响而喜乐，也不因个人的遭遇而悲哀。身在朝廷时，就担忧百姓；处在民间时，就担忧皇帝。做官也忧愁，不做官也忧愁，那么什么时候才会快乐呢？他们一定会回答说"在天下人忧虑之前忧虑，在天下人快乐之后快乐"吧！唉！如果不是这样的人，我又和谁在一起呢？

宋夏之争

我们知道，宋太祖赵匡胤（yìn）陈桥兵变取得皇位。当了皇帝后，赵匡胤害怕手下武将效仿自己，发动政变夺皇位，就来个"杯酒释兵权"，叫一起打江山的老弟兄们喝了个酒，顺便收回了他们的兵权。此后，宋朝重文官、轻武将，造成的直接后果就是边关防守越来越松懈。

可是，敌人不会因为你松懈而松懈啊！居住在西北地区的党项族在首领李元昊的带领下，于公元 1038 年独立建国，国号大夏，也称西夏。西夏专会钻北宋边疆防守的漏洞，经常带兵侵占掠夺挑起战事，双方互有胜负。

庆历新政

庆历三年（公元 1043 年），范仲淹提出改革措施，涉及整顿吏治、改革科举制度、整修武装战备、减免徭役、发展农业等社会民生的方方面面。这些措施得到宋仁宗的认可，让范仲淹主持实施。可惜，由于反对派阻挠，新政仅实施了几个月便宣告终结。

别看庆历新政的寿命短，作用却不小——它开创了改革风气，为之后王安石改革奠定了基础。

宋仁宗：被狸猫换的那个太子

被范仲淹怼过的宋仁宗赵祯，是位不折不扣的好皇帝。他是宋朝的第四位皇帝，也是宋朝在位时间最长的一位皇帝。他在位期间政局清明，创造了"仁宗盛治"，深得百姓爱戴。宋仁宗崩逝的消息传出，汴（biàn）梁（今河南开封）、洛阳等地的百姓自发罢市哭祭，焚烧纸钱的烟雾遮天蔽日，就连辽国皇帝耶律洪基也号啕痛哭，为宋仁宗建起衣冠冢。

除了显赫政绩外，关于宋仁宗的一则传说在民间也广为流传。据说，宋仁宗的父亲宋真宗赵恒有两位宠妃，一位是刘妃，也就是被范仲淹怼过的刘太后，一位是李宸（chén）妃。李宸妃有孕后，

不可考！

刘妃与内监郭槐沆瀣（hàng xiè）一气，用剥了皮的狸猫换下新生婴儿，导致李宸妃被打入冷宫后又逃亡民间。后来，包拯包青天受理李妃冤案，迎接李妃还朝。这时，已登基为帝的宋仁宗才知道生母另有其人。

当然，宋仁宗是否曾经被狸猫所换早已不可考。据《宋史》记载，刘妃（即章献皇后）没有儿子，就将当时地位低的李氏所生皇子记在自己名下。直到刘太后薨逝，宋仁宗才知道自己是李妃所生，追封早逝的李妃为皇太后。

互动小课堂

1.下面句子中，朗读停顿划分不正确的一项是（　　　　）。

A．日·星／隐曜，山岳／潜形。

B．衔／远山，吞／长江，浩浩／汤汤，横／无际涯。

C．居庙堂／之高则忧／其民，处江湖／之远则忧／其君。

D．乃重修／岳阳楼，增其／旧制，刻／唐贤今人／诗赋／于其上。

2．"是进亦忧，退亦忧"中的"进"和"退"指的（　　　　）。

A．"忧其民"和"忧其君"。

B．"不以物喜"和"不以己悲"。

C．"居庙堂之高"和"处江湖之远"。

D．"先天下之忧"和"后天下之乐"。

3．与"先天下之忧而忧，后天下之乐而乐"表达情感相似的名句是（　　　　）。

A．莫愁前路无知己，天下谁人不识君。

B．谁言寸草心，报得三春晖。

C．人生自古谁无死，留取丹心照汗青。

D．人闲桂花落，月静春山空。

参考答案

1.C；2.C；3.C

游褒禅山记

赞！

伟大改革家 王安石

本　名	王安石　**字** 介甫
别　称	王半山、王荆公、王文公、临川先生
所处时代	北宋时期
人生履历	出身仕宦家庭，自幼立下"矫世变俗"志向——二十二岁中进士，管理地方有一套，进言改革，宋仁宗没听——宋神宗即位受重用，身居相位推改革——两次罢相，依然坚持改革——宋哲宗时病逝，享年六十六岁，谥号"文"——著有《临川先生文集》。

伟大的改革家

李悝（kuī）——战国初期魏国人，李悝变法是古代变法的第一人，对后世的变法产生极大的影响力。

商鞅——战国时期著名的政治家，思想家。他主导了当时最有名、最成功的变法——商鞅变法，使秦国一跃成为当时最强盛的国家。

王安石——北宋时期著名思想家、改革家。公元 1069 年开始变法，直至公元 1085 年结束，又称熙宁变法。

张居正——明万历朝内阁首府，明朝中后期政治家，改革家。公元 1573 年，实行了张居正改革，又称万历新政。

我可是主导了万历新政改革！

我让秦国变强大！

我是古代变法第一人！

我虽然两次罢相，但坚持改革！

张居正

商鞅

李悝

王安石

伟大改革家

云游览

钻洞啦！钻洞啦！来钻北宋宰相王安石钻过的大洞啊——

哈哈，想跟随王安石的脚步探险吗？来安徽含山县找我呀！我这洞不一般，老大、老多、老漂亮啦！有天洞、碑洞、门洞和地洞四处溶洞，洞群足足有5000多米长，100多个景点呢！想对照《游褒禅山记》游玩请往碑洞走，这就是游记中的"华阳洞"，这里面有石缝子，有泉眼子，洞曲折，水淙（cóng）淙，可好玩儿啦！

王安石
百折不挠拗相公

宋朝有一位宰相叫王安石，他从小聪慧过人，读书过目不忘，写文下笔如风，又曾因父亲官职变动到过许多地方，文才和见识都非比寻常。宋仁宗庆历二年（公元 1042 年），王安石进士及第步入仕途。他为官政绩斐然，为人清正自持，得到当时宰相文彦博的赏识，还被欧阳修多次举荐，声名日益显赫……

改革特冲，谁说啥也不好使

王安石一生宦海沉浮，历经宋仁宗、宋英宗、宋神宗、宋哲宗四朝。四位皇帝中，以宋神宗最为赏识他，不仅任命他为宰相，还力排众议践行起以王安石为主导的变法改革。

与宋仁宗时期范仲淹、欧阳修等人的失败变法不同，王安石推行变法举措力度极大，如同他百折不挠的性格一般，改革推行后便勇往直前，管他太后还是官员，天灾还是人言，谁反对也不好使，统统要为新法让路没商量。

御史中丞上书控诉变法十大过失？去当地方官吧别啰唆！老宰相韩琦反对？那我王安石就辞官相逼，看您宋神宗选择谁！一长串御史、谏官都弹劾？贬出朝堂慢走不送您！好友司马光三次来信质疑我？逐一驳斥不留情。太皇太后和皇太后哭诉我乱政？好吧皇帝太孝顺，暂时罢相不要紧，次年复职继续搞……

官员们在朝会上讨论变法的对错，王安石读书多知识广，引经据典那叫一个滔滔不绝，谁也说不过他。看到一个个儿脸上全是不服，王安石义正词严地驳斥："天变不足畏，祖宗不足法，人言不足恤。"——天灾别惧怕，祖宗法度不一定照搬，人们的反对言语没必要担忧，这一切，都和变法一毛钱关系没有，实行改革，那就对了！

《春秋》贼冤，俺不是"断烂朝报"

王安石学问深，博古通今、学富五车，曾注释过《诗经》《尚书》和《周礼》。注释完成后，他将新注的三部书公布到学舍，被天下人称为《三经新义》，晚年时他又撰写了《字说》。当时，《三经新义》《字说》成为科举必考教科书，不但文人士子都不得自立新学说，就连先贤们释读经书的作品也一概弃之不用。儒家经典《春秋》，更是被排除在学舍之外，还被贬称为"断烂朝报"（如果《春秋》能说话，定会委屈地说："从周朝起俺就位列经典必读书目，咋在你们宋朝就变成了一部杂乱无章、缺少参考价值的废旧书籍了？"）。

王安石的老友，曾被他怼得体无完肤的司马光很公道地评价他说："别人都说安石奸诈邪恶，这太过诋毁他，其实，安石只是不太通晓世事，性格执拗罢了。"或许是由于司马光的这番话，后世给王安石安上了一个"拗相公"的外号。

游山有感，问心无愧不容易

别看"拗相公"性格执拗，论起文章的精彩和思想的深邃，还真没几个人能赶上他。这不，王安石和两个朋友去游览褒禅山，回来后便一丝不苟地写了篇游记作文，有考证、有美景、有真情、有感悟，堪称典范。

做学问认真的王安石，开篇先纠正了一个山名的谬误，褒禅山是华山的别名没错，可这华山，在一座废弃石碑上刻的是"花山"，现在读成"华"其实是错误的！考证完错误，才好安心赏玩风景、钻山洞。

不进不知道，一进吓一跳——这山洞，忒深了，钻起来越来越困难，火把都要熄啦！有个伙伴有点儿害怕非要出洞，秉着团结第一的原则，大家就乖乖退了出去。退出去后，包括王安石在内的几个人又开始后悔，体力够，火把也没灭，咋就听了那个大聪明的话，没继续探险呢？

后悔之余，王安石老老实实对这次因为盲从没尽兴的游玩进行了反省总结，最后得出一结论：这人呀，要做成大部分人做不到的事情，就要像今天钻洞这样，做到有志气、有体力、不盲从、不冒进，才有可能达到目的，就算最终所有努力都白费，也能问心无愧啦！

微言大义

王安石的故事告诉我们两个道理：一是学习和做事要具备像王安石一样百折不挠的精神和信念，克服所有困难，勇往直前；二是不要盲目自信执拗于自己的成就，而是要时时自省，及时更正不足，避免在错误道路上越走越远。

原汁原味 学古文

夫夷 ① 以 ② 近，则游者众，险以远，则至者少。而世之奇伟瑰怪 ③、非常之观 ④，常在于险远，而人之所罕至焉，故非有志者不能至也。有志矣，不随以止也，然力不足者，亦不能至也。有志与力，而又不随以怠，至于幽暗昏惑，而无物以相 ⑤ 之，亦不能至也。然力足以至焉，于人为可讥，而在己为有悔。尽吾志也而不能至者，可以无悔矣，其孰能讥之乎？

——王安石《游褒禅山记》

注释

❶ 夷：平坦。

❷ 以：连词，相当于"而且"。

❸ 瑰怪：壮丽奇异。

❹ 非常之观：平时很难看到的景观。

❺ 相：辅助。

译文

　　那些平坦且近便的地方，去游览的人就多；艰险而偏远的地方，能够到达的人就少了。然而世间奇妙、雄伟、壮丽、怪异和不同寻常的景象，通常都在艰难偏远而又人迹罕至的地方，因此没有坚强意志的人是不能到达的。有意志，不肯随着别人中途停止而停止，如果体力不足，也不能到达。既有意志和体力，又不盲从同伴而松懈懒散，到了幽深昏暗而令人迷惘的地方，如果没有外物辅助辨认道路，也还是不能到达。然而，如果体力足以能到达，而实际上却没有到达，在别人看来是可以讥笑的，自己回想也会感到懊悔；如果我自己已经尽了努力而仍然不能到达，那就可以无怨无悔了，谁又能责怪讥笑我呢？

王安石变法

王安石主政时，北宋的状况确实不容乐观——官僚、军队日益膨胀而且办事效率低下；边疆战事屡次败北，被迫奉上大量钱物求和，钱物流失又造成国库空虚；土地兼并乱了套，导致农民起义频发……整个国家就像是顽疾缠身的人一样，必须下猛药救治！

于是，在宋神宗支持下，王安石提出涉及经济、军事、教育领域的一系列新举措，这些举措的主要目的在于限制官僚地主特权、加强国家对人民的控制、大力发展农业。变法期间，全国兴修水利工程一万多处，进国库的银子也增加了无数。

可是，新法触动了官僚、地主的利益，朝堂上下反对声一片。等到王安石去世后，守旧派代表司马光担任宰相，将大部分新法废除。

王安石再次被罢免宰相职务出任江宁（今江苏南京）知府时，曾写一首《桂枝香·金陵怀古》抒发怀古之情。这首词立意高远，豪气纵横，蕴含着他壮志难酬的苦闷以及贬官不改志的豪情。

桂枝香·金陵怀古
宋·王安石

登临送目，正故国晚秋，天气初肃。千里澄江似练，翠峰如簇。归帆去棹斜阳里，背西风，酒旗斜矗。彩舟云淡，星河鹭起，画图难足。

念往昔、繁华竞逐。叹门外楼头，悲恨相续。千古凭高对此，谩嗟荣辱。六朝旧事随流水，但寒烟衰草凝绿。至今商女，时时犹唱，后庭遗曲。

公私如一王安石

王安石身在高位，对推行变法说一不二，特别不近人情。其实，他不仅在公事上如此，在私事上也极为严格自律。

王安石当宰相时，他儿媳家有一位姓萧的亲戚特意前来拜访。萧公子本以为王安石这么大的官儿，招待的宴席一定十分丰盛。结果到了吃午饭的时间，桌上只上了两块胡饼和四份切成块的肉。萧公子有点儿嫌弃，只挑拣胡饼中间最柔软的饼心食用。王安石一句话不说，将他丢弃不吃的饼边拿过来吃了，萧公子见此情景，羞愧告辞。

这件事传了出来，听见的人都佩服王安石的清廉自持。

宋朝胡饼花样多

胡饼，顾名思义，是从外族传来的事物。胡饼在中原地区出现，最早要追溯到西汉张骞出使西域时。到了宋朝，经过不断改良，胡饼已经变得本土化、中原化，成为上至王公贵族、下至平民百姓都喜爱的主食。

据收录汴梁旧事的《东京梦华录》记载，北宋时期的胡饼店，已经售卖有门油、菊花、宽焦、侧厚、油碢（tuó）、髓饼、新样满麻七种口味，带油的、带馅儿的、厚的、芝麻多的……花样繁多，可以想见当时胡饼的受欢迎程度。

📖 互动小课堂

　　试比较苏轼《石钟山记》和王安石《游褒禅山记》两篇文章的异同，填写表格。

篇目		石钟山记	游褒禅山记
内容	相同处		
	相异处		
结构	相同处		
	相异处		
表现手法	相同处		
	相异处		

参考答案

篇目		石钟山记	游褒禅山记
内容	相同处	道理阐发重于景物描绘	
	相异处	实地考察，强调要"目见耳闻"	谈人生哲理，志、力、物缺一不可
结构	相同处	游览过程与议论相结合	
	相异处	质疑——考察——议论	先游览——再议论
表现手法	相同处	借事明理，发挥主旨	
	相异处	先破论再立论	以立论为主

沧浪亭记

才学卓著 归有光

本　　名	归有光	字	熙甫
别　　称	归震川、归太仆、项脊生		
所处时代	明朝中期		
人生履历	九岁能写文章，二十岁中了童子试第一——九次科举才入仕，蛰伏期间做学问——纠正文坛风气，主张效法唐宋古文运动——著作特多，经史子集都涉猎，有《震川先生全集》传世，收录散文774篇，诗歌113首——劳累过度而终，享年六十六岁。		

"唐宋派"的成员都有谁？

"唐宋派"是明代嘉靖年间的一个散文流派，代表人物有王慎中、唐顺之、茅坤、归有光。他们的基本观点是反对以文采取代"道统"，主张"文道合一"的传统。

王慎中：我是王慎中，十八岁中进士！

归有光：我是归有光，被时人称为"今之欧阳修"！

唐顺之：我是唐顺之，抗击倭寇有功绩！

茅坤：我是茅坤，文章慷慨悲昂特大气！

我十八岁中进士！

我被时人称为"今之欧阳修"！

我抗击倭寇有功绩！

我的文章慷慨悲昂特大气！

王慎中　　　归有光　　　唐顺之　　　茅坤

云游览

　　嗨，大家好，我是沧浪亭，坐落在美丽的苏州古城，我不仅是亭子，还是苏州最古老的园林之一哟，是众多园林里的"老资格"了。我的名字来源于《楚辞·渔父》中的"沧浪之水清兮，可以濯吾缨（yīng）"，历史上的许多文人墨客都来过我这里，留下了许多珍贵的诗篇和墨迹。我这里经常举办一些文化活动，比如书画展览、昆曲表演等。最后，别忘了，我这里还有美味的苏州小吃，逛累了，不妨坐下来，品尝一下，保证让你唇齿留香，回味无穷。

归有光
才学卓著的科举复读生

明朝有位好老师叫归有光，学子们尊称他为"震川先生"。教书育人之外，归有光还心系百姓。见太湖流域时常闹水患，他就认真调查研究水域特性，著述《三吴水利录》阐述治水办法；见倭寇作乱，他就写下《论御倭书》等文章陈述可行性极强的抗倭策略。可是，这样一位忧国忧民的大儒，在科举道路上却走得跌跌撞撞，屡遭挫败。

九次科举，花甲入仕

归有光还是个孩童时，但凡认识他的人都忍不住挑起大拇指，夸赞一句"神童"！毕竟，有几家孩子九岁就能写完整文章，十岁就能写一千多字的议论文，十一二岁就跟个小大人似的以古人为榜样，二十岁就通晓了六经、三史和所有名人大家的文章，还在童子试中考了第一名呢！

> 六经:《易》《书》《诗》《礼》《乐》《春秋》。三史:《史记》《汉书》《后汉书》。"六经三史"泛指古代典籍。

也是二十岁那年，归有光赴南京参加乡试。这少年的学问实在太好，周围人和他自己都信心满满必然一路高中，可现实却狠狠地击碎了他的美梦。当然，一次不中也很正常，然而，后来两次，三次……归有光一连五次应试都名落孙山，直到第六次才得中举人。这时，昔日的天才少年已经是三十五岁的中年人了，他的古文写作早已炉火纯青，和俞允文、张子宾一起被时人誉为"昆山三绝"。

可惜，好学问和好名声并未带来好运气。高居南京乡试第二的归有光，**会试**却屡试不中，失败多达八次！会试三年一次，八次落第，带来的不仅是八次失望，还有

> **会试：** 科举考试方式之一，为较乡试高一级的考试、较殿试低一级的考试。因士子会集京师参加考试，故名。又因在春季由礼部主持，亦称"春闱""礼闱"。

二十四年的漫长岁月。在这二十四年中，归有光失去了相濡以沫的妻子、爱若珍宝的长子，生活贫苦困窘。但他没有被生活的重担压垮，而是一边勤学不辍，一边讲学论道，弟子满门，名扬四海，就连曾高中状元的礼部侍郎诸大绶（suí）、明代三才子之一的徐渭也对他的文章赞赏有加。

终于，嘉靖四十四年（公元1565年），六十岁的归有光中了进士，被朝廷派到长兴县（今浙江长兴）当知县。

神童　　昆山三绝之一　　进士

方言断案，释囚百余

归有光的这个官职可不是香饽饽，而是人人避之唯恐不及的大麻烦。在他任命之前，长兴县的县太爷已经空缺了好久。山中无老虎，猴子称大王。县衙小吏与当地土豪狼狈为奸，百姓苦不堪言。归有光到任后一看，

好嘛，监狱里关的这些罪犯，咋怎么看都不像坏人呢？于是，归有光当即检查翻阅陈年案卷，为受到诬陷入狱的一百余人平了反，还将被冤枉成死罪的三十多个死囚犯释放出狱。

百姓们一看，县太爷别看年纪大，可是个不折不扣的青天大老爷啊！这下子，原先敢怒不敢言的、受冤枉被欺负的老百姓纷纷涌入县衙告状。不管谁来，归有光都不搞跪拜杀威这些套路，而是和家常唠嗑一样，让女子和儿童都围着桌案站立，自己则用当地方言问东问西，基本当堂就可断完案件，使诉讼双方心服口服。

从前有座亭，亭中有位僧

　　像归有光这样才德兼备、性格温和的大好人，自然好友众多。其中，有位和尚爱读书、能写诗，经常与归有光结伴郊游。在他多次恳求下，归有光为他写了篇《沧浪亭记》，记叙他与沧浪亭的渊源。

　　说起沧浪亭，它的来历要追溯到北宋时期，四君子之一的苏子美在苏州吴越故园中修造起沧浪亭，还写下《沧浪亭记》，借景色的明秀幽雅言表自己不同流合污的志向。之后，随着朝代更迭、人事变迁，沧浪亭成为瓦砾废墟，人们又在这修建了大云庵。

　　原本沧浪亭就这样湮灭在岁月中，可偏偏大云庵中来了位文瑛和尚，这位文瑛和尚又偏偏钟情于沧浪亭，将亭子修复如初。因为他的这点情怀，归有光等人都称他为"沧浪僧"。

微言大义

　　归有光的故事告诉我们，无论是学习还是做事，既要有持之以恒的执着，又要有静待花开的坦然。生活并非一帆风顺，当失败来临时不用自怨自艾，而是要保持淡然平和的心态，做好该做的事，自然会有所收获，等来柳暗花明。

夫古今之变，朝市改易。尝登姑苏之台①，望五湖之渺茫，群山之苍翠，太伯、虞仲②之所建，阖闾、夫差③之所争，子胥、种、蠡④之所经营，今皆无有矣，庵与亭何为者哉？虽然，钱镠⑤因乱攘窃，保有吴、越，国富兵强，垂及四世。诸子姻戚，乘时奢僭⑥，宫馆苑囿，极一时之盛。而子美之亭，乃为释子⑦所钦重如此，可以见士之欲垂名于千载，不与澌⑧然而俱尽者，则有在矣。

——归有光《沧浪亭记》

❶ 姑苏之台：春秋时吴王夫差建造，在今江苏苏州西南的姑苏山上。

❷ 太伯、虞仲：周太王古公亶父的长子和次子，据说是吴国的开创者。

❸ 阖闾、夫差：春秋时两位吴王，阖闾是夫差的父亲。

❹ 子胥、种、蠡：子胥，即伍子胥，辅佐阖闾和夫差的大臣。种，即文种，辅佐越王勾践的越国大夫。蠡，即范蠡，辅佐越王勾践，越国大夫。

❺ 钱镠：唐末镇海节度使，他建立的吴越国为五代十国之一，都城杭州。

❻ 僭：超越名分（的享受）。

❼ 释子：僧人。

❽ 澌：通"凘"，冰块融化的样子。

译文

历史经历了从古至今的巨大变迁，朝廷和市容也随之改变了面貌。我曾经登上姑苏台，眺望浩瀚苍茫的五湖，那里群山苍翠，所见之处，是太伯、虞仲曾建立的国家，是阖闾、夫差曾为之征战的地盘，是伍子胥、文种、范蠡曾经辅佐经营的大业，如今都已不复存在了，（和这些宏图伟业相比，）庵寺和亭阁又算得上什么呢？虽然这样，钱镠趁着唐末乱世窃取了权位，占有吴越之地，国富兵强，延续四代。他的子孙姻戚也趁机穷奢极欲，大肆建造宫观园林，盛极一时。而苏子美建造的沧浪亭，却被僧人如此看重。由此看来，士人想要千载流传声名，而不是像冰块那样很快消融，是有（他们传名的）原因的。

明代三才子

即杨慎、解缙与徐渭。

杨慎，三才子之首，明代著名文学家，因明世宗"大礼议"事件被贬，《三国演义》开篇《临江仙·滚滚长江东逝水》词即他所填。

解缙（jìn），明成祖时期重臣，文章词句精美言之有物，负责为皇帝起草诏令。

徐渭，谋略出众，曾任胡宗宪幕僚，参与过抗倭斗争。

杨慎　　　　　　解缙　　　　　　徐渭

苏子美

即苏舜钦，字子美，与蔡襄、欧阳修、晏殊并称为"北宋四君子"。苏子美因党争被贬官，游历苏州时买下吴国旧园，建造了沧浪亭，写下《沧浪亭记》，记叙建亭始末，抒发内心情怀，表达了自己贬官不损心志、逆境也悠然的品质。

《沧浪亭记》（节选）

宋·苏子美

　　觞而浩歌，踞而仰啸，野老不至，鱼鸟共乐。形骸既适则神不烦，观听无邪则道以明；返思向之汩汩荣辱之场，日与锱铢（zī zhū）利害相磨戛，隔此真趣，不亦鄙哉！

译文：

　　在沧浪亭上或把酒而吟诗唱歌，或蹲踞而仰天长啸，在这人迹罕至的地方，与鱼儿和鸟儿为伴同乐。形体得到了休息，心神就会宁静，看到、听到的事物没有邪恶，那么人生的道理就自然明了于心。回过头来再反思之前名利场上的种种，每日与微不足道的利害小事互相计较，同沧浪亭中得到的情趣相比，不是太庸俗了吗？

📖 互动小课堂

阅读前文的苏子美《沧浪亭记》选段，完成以下题目。

1. 下列断句正确的一项是（　　　　）。

A. 形骸既适则神 / 不烦 / 观听无邪则道 / 以明

B. 形骸既适则 / 神不烦 / 观听无邪则 / 道以明

C. 形骸既适 / 则神不烦 / 观听无邪 / 则道以明

D. 形骸既 / 适则神不烦 / 观听无 / 邪则道以明

2. "沧浪亭"得名于《沧浪歌》。请查阅资料，填写完整《沧浪歌》，并回答问题。

（1）《楚辞·渔父》："沧浪之水清兮，＿＿＿＿＿＿＿＿；沧浪之水浊兮，＿＿＿＿＿＿＿＿。"

（2）这首民歌包含了诗人＿＿＿＿＿＿＿＿的心态。

参考答案

1. C

2.

（1）可以濯吾缨；可以濯吾足

（2）审时度势，进退有方